기독교문서선교회(Christian Literature Center: 약칭 CLC)는 1941년 영국 콜체스터에서 켄 아담스에 의해 시작되었으며 국제 본부는 미국 필라델피아에 있습니다. 국제 CLC는 59개 나라에서 180개의 본부를 두고, 약 650여 명의 선교사들이 이동도서차량 40대를 이용하여 문서 보급에 힘쓰고 있으며 이메일 주문을 통해 130여 국으로 책을 공급하고 있습니다. 한국 CLC는 청교도적 복음주의 신학과 신앙서적을 출판하는 문서선교기관으로서, 한 영혼이라도 구원되길 소망하면서 주님이 오시는 그날까지 최선을 다할 것입니다.

추천사 1

윤동섭 박사
연세대학교 총장

  김인국 박사는 카리브해의 아주 작은 섬인 바브다부터 도미니카 공화국, 인도, 우즈베키스탄, 평양, 멕시코, 아프리카 등 다양한 문화와 환경에서 의료 선교를 펼치셨다.

  어려운 상황 속에서도 항상 감사하는 마음으로 사역을 이어나가는 그의 진솔한 이야기는 의료 선교에 관한 새로운 시각을 제공하고 더 나은 세상을 향한 열망을 불러일으킬 것으로 기대한다.

  이 책을 통해 우리나라에도 알렌이나 슈바이처 같은 의료 선교사가 그리스도의 소명을 다하고 있음이 많이 알려지길 바라며, 이를 통해 의료 선교사를 꿈꾸는 많은 청년의 소망이 현실에 더욱더 가까워지기를 바란다.

  나아가 이 책을 계기로 멀리서나마 의료 선교에 도움이 되고자 고민하는 이들에게 또 하나의 좋은 자극이 되기를 기도한다.

추천사 2

김 왕 택 장로
서울 지구촌교회 원로장로, ㈜에스앤디그래픽 고문

　김인국 장로님의 『나의 의료 선교 20년』을 접하고 단숨에 읽었습니다. 읽는 동안 어찌나 가슴이 쿵쾅 쿵쾅거리는지 다음날 재차 다시 읽었습니다. 그동안 미국 시애틀에서 이비인후과 전문의로 일하시면서 자신을 필요로 하는 곳이면 세계 어느 곳이든 찾아가 20여 년간 의료 선교 분야에서 헌신하신 생생한 현장의 이야기들을 가슴에 새기며 그리고 잠잠히 써 내려가신 장로님의 헌신적인 마음이 저를 요동치게 하였습니다.
　저는 30대 후반에 직장 동료로부터 선교사로 나가자고 제의를 받았으나 내가 전문인 선교사로 할 수 있는 것이 무엇이 있을까 가슴으로 새기며, 아무것도 이룬 것 없이 70대 중반에 접어든 지금까지도 가슴 한켠에 남아 있습니다.
　개인적으로 선교사님을 후원하는 것보다 장로님처럼 직접 선교지에서 재능으로 헌신하는 것은 비교할 수 없는 감동이라고 생각되었습니다. 그리스도의 제자로 아름다운 삶의 헌신이 나의 몸과 시간과 물질과 재능을 드려 어떻게 나타낼 수 있는지 보여주신 이 책의 감동 스토리를 많은 분들께 소개하고 싶은 마음으로 적극 추천합니다.

20여 년 동안 해외 의료 선교 중 많은 위험도 겪으시고 오직 성령님의 도우심으로 위기를 이겨내시고, 이제 생의 말년에 지난날을 회고하며 집필하신 이 책이 많은 사람에게 영적 유익과 감화가 되기를 기도하며, 투병 중이신 김인국 장로님에게 주님의 크신 위로와 평강이 함께하시길 기원합니다.

나의 의료 선교 20년

My 20 year memoir-from heathcare to Heavenward
Written by In Guk Kim
All rights reserved.
Korean Edition Copyright ⓒ 2024 by Christian Literature Center, Seoul, Korea.

나의 의료 선교 20년

2024년 5월 15일 초판 발행

지은이	김인국
편 집	이신영
디자인	이보래, 서민정
펴낸곳	(사)기독교문서선교회
등 록	제16-25호(1980. 1. 18.)
주 소	서울특별시 동대문구 천호대로71길 39
전 화	02-586-8761~3(본사) 031-942-8761(영업부)
팩 스	02-523-0131(본사) 031-942-8763(영업부)
이메일	clckor@gmail.com
홈페이지	www.clcbook.com
송금계좌	기업은행 073-000308-04-020 (사)기독교문서선교회
일련번호	2024-55

ISBN 978-89-341-2689-8 (03230)

이 책의 출판권은 (사)기독교문서선교회가 소유합니다.
신저작권법에 의하여 한국 내에서 보호받는 저작물이므로 무단 전재와 무단 복제를 금합니다.

나의 의료 선교 20년
"My 20 year memoir – from healthcare to Heavenward"

김인국 지음

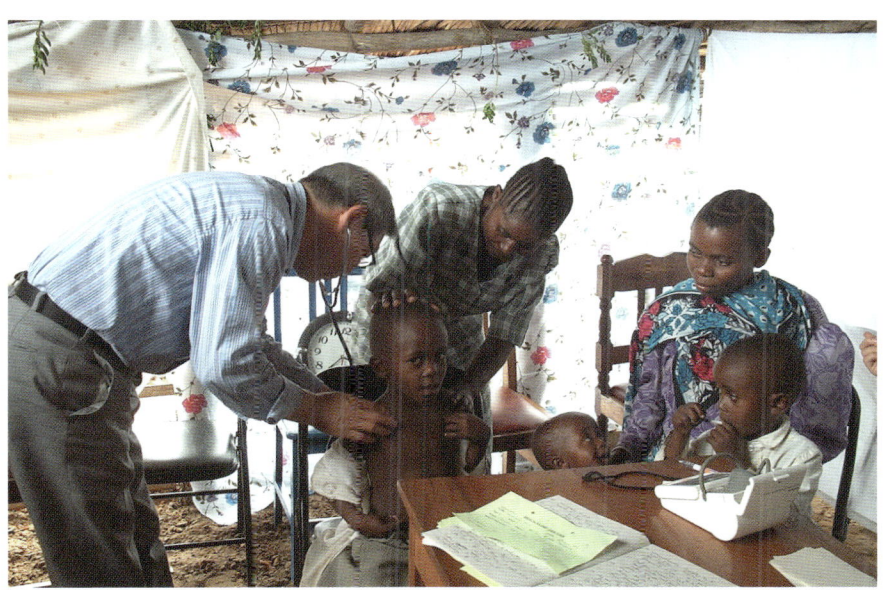

"인간 의사에서
영혼의 의사로"

CLC

이 회고록을 특별히 내 사랑하는 아내 백혜자 권사에게

그리고 내 사랑하는 네 자녀,

김성원(낸시), 김성환(에드워드),

김인혜(데보라), 김성호(제임스)에게 남깁니다.

추천사 1 **윤동섭 박사** 연세대학교 총장   1

추천사 2 **김왕택 장로** 서울 지구촌교회 원로장로 ㈜에스앤디그래픽 고문   2

프롤로그   12

제1장 의료 선교를 시작한 동기   15
제2장 바부다 의료 선교(태풍 루이스 1995)   23
제3장 제2차 바부다 의료 선교   40
제4장 제3차 바부다 의료 선교   47
제5장 도미니카 의료 선교   49
제6장 제1차 인도 의료 선교   56
제7장 제2차 인도 의료 선교   71
제8장 강원도 태백 의료 선교   75
제9장 소련 및 몰도바 의료 선교   90
제10장 중국 지린 의료 선교   96
제11장 우즈베키스탄 의료 선교   109
제12장 제2차 우즈베키스탄 의료 선교   116

제13장 평양 의료 선교   123
제14장 멕시코 의료 선교(미국 목회자들과 함께)   131
제15장 아프리카 의료 선교   139
제16장 제1차 울릉도 의료 선교(태풍 매미)   151
제17장 제2차 울릉도 의료 선교   158
제18장 삼척 의료 선교(위트머스-김 구제 펀드)   162
제19장 의약품 조달 방법(의약품을 어떻게 조달했는가)   169
제20장 나의 의료 선교 기본 원칙(한국에서)   175
제21장 세계 의료 선교를 마무리하며   182

기고글 내가 본 김인국 박사   198

에필로그   201

부록 Medical Mission in Barbuda(Hurricane Luis 1995)   204

프롤로그

박 해 동 선교사
예장 합신 서서울 노회 목사
중국복음선교회(CMI) 선교사

　이비인후과 전문의 김인국 박사를 알게 된 것은 내가 매일 인터넷에서 연재한 큐티 묵상 글 게시판에 그가 댓글을 달며 서로의 마음이 통하게 되면서부터다.
　서로 댓글과 답글을 주고받다 보니 어느 순간 마음이 통하게 되었고 게시판 공간에서나마 사적인 이야기들도 주고받게 되었는데, 나의 글에 댓글로 소통하여 주신 이분은 현재 미국 워싱턴주 시애틀에 살고 계시는 이비인후과 의사인 김인국 장로님이시다.
　김인국 장로님은 본래 북한의 성진이 고향이신데, 6.25 때 남한으로 피난 오시어 어려운 가운데서도 연세대학교 의과대학을 졸업하고 이비인후과 전문의로 의술을 펼치며 살아오셨다.
　그는 의과대학 학창 시절부터 독실한 신앙을 하면서 평소 바울의 선교를 도왔던 의사 누가의 삶을 동경하였으며 젊은 시절에 가졌던 꿈대로 의료 선교에 헌신하기를 원하셨다.
　그가 미국에서 이비인후과 개업의를 하면서도 자신의 의술로써 주님께 헌신하고 싶어 시애틀 그룹헬스의 이비인후과 및 두경부외과 의사로 소속하여 자신의 의술을 필요로 하는 곳이면 그곳이 어느 나라, 어떤 도시든지 물론하고, 자비량 선교로 어디든지 찾아가 의술을 펼쳤다.

이 책은 총 21장으로 되어 있는데 그가 세계 의료 선교를 위해 찾아갔던 모든 나라와 도시 그리고 의료 선교 현장의 이야기들을 만날 수 있다.

그러나 세월의 흐름은 누구도 막을 수 없는 것이어서, 그 역시 지금은 의료 사역에서 은퇴했고 또 폐암 말기 판정까지 받은 상태로 시한부 인생을 살고 있다.

나는 매일 묵상 글을 올리며 우연히 주고받는 댓글 가운데 이런 사실을 알게 되었으며 매일 그를 위해서 한 마디라도 기도하고 있는데 마치 지금 꺼져가는 심지의 불처럼 그는 마지막 생명의 투혼으로써 꺼져가는 불꽃을 일으키며 자신의 지나온 삶을 정리하고 있다.

놀라운 것은 이미 판정받은 그 시한이 지난 가운데서도 주님께서 덤으로 주신 인생을 살고 있는데, 나는 그가 지난날 펼쳤던 의료 선교 현장의 이야기들이 이대로 묻히는 것을 안타깝게 생각하여 책으로 출판하기를 간곡히 권하였고, 그는 며칠간 고심한 끝에 결심하고는 마지막 힘을 쏟아 거의 두 달 동안 집필하였으며 이것을 나에게 이메일로 보내주어서 이렇게 출판하게 되었으니 얼마나 감사한지 모르겠다.

이 책의 제목을 『나의 의료 선교 20년』이라 한 것은 그가 주님께 받은 은사를 다라 의료 현장에서 의술을 펼치며 주님의 사랑을 전하는 복음의 일꾼으로 자신의 사명을 다하고 이제는 주님의 부르심을 기다리고 있기 때문이다.

이제부터 여기 올려지는 글들은 그가 주님을 섬기며 지금까지 살아온 날들 가운데 특별히 의료 선교사로서 남긴 발자취들을 기념하고 함께 은혜를 나누고 싶은 마음으로 이 글에 갈음한다.

아무쪼록 이 책이 의료 선교를 꿈꾸는 의료인들뿐 아니라 이 책의 독자들 모두에게 영적 매뉴얼 같은 책이 되기를 간절히 기원하면서 세상에 내놓는다.

주님!
여기까지 인도해 주신 것을 진심으로 감사드립니다.

의료 선교를 시작한 동기

    1980년 중순쯤, 내가 다니던 시애틀 한인장로교회의 한 장로님이 한국을 다녀오더니 좋은 프로그램을 배워 왔다며 교회에서 수련회를 했다. 한국 성서유니온에서 하는 「매일성경」이었다. 그래서 몇몇 성도들이 그 교육을 받고 여러 그룹을 만들어 주일예배 후 '큐티 나눔'의 시간을 가졌다. 즉, Quiet Time(Q.T.)의 Sharing이었는데 많은 성도가 동참했다.

    얼마 후, 그 장로님이 나더러 한 그룹을 맡아 달라고 했다. 그래서 나는 집에서 매일 열심히 큐티를 했으며 주일마다 예배 후 그룹을 인도했다. 그러면서 큐티에 대한 중요성을 깨닫게 되어 우리 그룹은 항상 활기차게 토론했다.

    그러던 중 우리 교회 담임목사님이 새로 부임하셨는데, 오자마자 「생명의 삶」으로 교체했다. 그러나 나는 그동안 여러 해 해오던 성서유니온의 「매일성경」을 그만둘 수 없어서, 할 수 없이 매일 이 두 가지 모두 하기로 마음먹고 지금까지 계속하고 있다.

거의 어김 없이 두 큐티 중 하나는 구약, 다른 것은 신약을 하는 경우가 많아서 더욱 좋았다. 큐티를 시작한 지 여러 해 지난 1990년 초 어느 날 누가복음 9장 큐티를 하게 됐다. 그것이 내 의료 선교의 싹이 트는 본문이 된 것이다.

> 예수께서 열두 제자를 불러 모으사 모든 귀신을 제어하며 병을 고치는 능력과 권위를 주시고 하나님의 나라를 전파하며 앓는 자를 고치게 하려고 내보내시며…제자들이 나가 각 마을에 두루 다니며 곳곳에 복음을 전하며 병을 고치더라(눅 9:1-6).

나는 이 말씀을 액면 그대로 받아들여 적용하기를 나에게 의료 선교를 하라는 명령이라 생각했다. 그리고 기도하기 시작했다. 이 말씀이 과연 나에게 의료 선교를 하라는 명령이면 한 번만 더 재확인해 주십사고 기도했다.

그런데 여러 날이 지났는데도 아무런 응답이 없었다. 꿈에도 없었고 당시 하던 성경 일독을 하면서도 이 제목을 놓고 눈과 귀를 열고 열심히 찾아보았으나 그 어디도 응답이 없었다.

그러면서 생각해 보니 내가 너무 비약해서 적용했던 것 같았다. 사실 열두 제자는 사도로서 12명이고 나 같은 평신도가 낄 수 없다는 사실을 망각한 과대 적용이라 생각했다.

그래도 혹시 몰라 계속 기도에 힘썼다. 그러던 중 내가 바라던 기도 응답이 며칠 만에 또 온 것이다. 이번에는 더 구체적으로 정확하게 온 것이다. 그날 큐티 말씀은 누가복음 10장 1-11절이었다.

> 그 후에 주께서 따로 70인을 세우사 친히 가시려는 각 동네와 각 지역으로 둘씩 앞서 보내시며 이르시되 추수할 것은 많되 일꾼들을 보내주소서 하라. 어느 동네에 들어가 너희를 영접하거든 너희 앞에 차려 놓는 것을 먹고 거기 있는 병자들을 고치고 또 말하기를 하나님의 나라가 너희에게 가까이 왔다 하라(눅 10:1-11).

이번에는 아주 실질적으로 내 기도 응답이 온 것이라 믿었다. 내가 12사도에는 속하지 못하지만, 70인(72인) 중에는 속할 수 있다고 적용했다. 그리고 나에게 주시는 주님의 3대 사역은 '가르치고, 전파하고, 병을 고치라'는 명령이라 적용했다.

즉, Teaching, Preaching and Healing Ministry!

이 말씀을 구절구절 묵상해 보니 전에는 몰랐던 많은 것을 하나씩 깨닫게 되었다.

"친히 가시려는"(where he was about to go).

영어에는 그 뜻이 더욱 명확했다. 즉, 그가 가시켜고 하는 곳, 예수님께서 가시려고 하는 곳.

그런데 "about to go"란 말씀이 더 내 말에 와닿았다. 친히 가시려는 곳.

"지금 막 가시려던 그곳"이란 뜻이다.

그러니 예수님께서 지금 그곳에 막 친히 가시려는데 그 여러 곳에 동시에 가실 수 없으니 본인 대신에 제자들을 둘씩 보낸 것이라 적용했다.

각 동네와 지역이라 했는데 영어로는 "every town and villages"라 돼 있었다. 큰 도시가 아니고 각 동네와 촌에 가르는 것.

따라서, 나도 도시를 피해 주로 농촌과 어촌과 외딴 오지로 다녔다. 그러나 나는 의료 선교를 어떻게 해야 하는지 잘 몰라서 또 기도를 시작했다.

"어떻게 해야 합니까?"

나는 많은 의사가 한꺼번에 여러 명이 가서 2-3일간 환자들을 보고 약 주고 하는 식의 의료 선교는 하고 싶지 않았다. 하루에 몇 명이라도 직접 만나고 상담하며 내 주님이신 예수님을 전도할 기회를 만들 수 있는 의료 선교를 하고 싶었다.

즉, 내 평생 나에게 큰 은혜를 베풀어 주신 예수 그리스도에게 감사하는 마음으로 병을 고쳐 주며 전도하고 싶었다. 그래서 이 큐티를 적용하여 의료 선교에 필요한 여러 기도 제목을 놓고 계속 기도했다.

"언제, 어디로 갑니까?"
"가고 오는 여비는?"
"체류하는 동안 숙식비는?"
"의약품은 어디서?"

이런 다양한 제목으로 열심히 기도했다. 그렇게 기도하다 보니 웃지 못할 실수를 자주 저질렀는데, 그중 하나가 "한 번에 한 달씩 5년 동안 60번 의료 선교할 수 있게 해 주소서"였다. 한참 기도하다 보니, 그러면 나는 일을 그만둬야 하고 일 년 내내 선교만 해야 하는 결과를 낳게 되는, 현실성이 없는 기도임을 알게 되었다.

그래서 주님 10년 동안 60번 할 수 있게 해주시라고 기도의 내용을 바꾸었다. 그렇게 한참 기도하고 있었는데, 이 기도도 현실과는 너무 먼 기도였다. 일 년에 6번 한 달씩 간다면 한 달 선교하고 한 달 일하고 하는 등 실효성이 없었다. 그래서 결국 '하나님 제 남은 생애 동안 60번 할 수 있게 해주옵소서'라고 기도를 바꿨다.

나는 계속 기도 제목을 놓고 수정해 가면서 기도했으나, 오랜 세월 동안 별로 해결된 것은 없었다. 그런데 생각해 보니 어떤 기도 제목은 내 욕심과 교만으로 가득했다는 것을 알게 됐다. 우선, 비행기 표와 기타 여비는 '네가 그동안 구두쇠로 모아둔 것을 좀 써라' 하시는 것 같았다. 그래서 통장을 자세히 들여다봤더니, 내가 선교하며 써도 평생 먹고 살 수 있고, 자녀들은 이제 다 커서 자기 밥벌이는 할 수 있으니 내 도움이 더 필요치 않다는 것을 깨닫게 됐다.

'그럼 어디로 가는가?'

이것만은 주님께서 알려 주셔야겠다고 기도했다. 절대로 내가 결정해서 가고 싶지 않았다. 왜냐하면, 큐티 말씀에 "Where He was about to go"라고 쓰여 있었기 때문이다. 제자들이 가고 싶은 곳에 보낸 것이 아니라 주님께서 가시고자 하는 곳으로 보낸 것이다. '내가 원하는 곳으로 가면 내 뜻대로'겠지만, '주님이 가라고 하는 곳이면 주님의 뜻대로'라고 생각해서였다.

그래서 모든 선교는 다 기도하며 기다려서 갔다. 물론, 내가 가고 싶은 곳을 놓고 기도하기도 했으나 응답받은 곳은 몇 곳이 안 되었다. 그렇게 기도 응답을 기다리고 기다린 지 몇 년이 걸렸다. 그래도 서두르지 않고 매일 아침 큐티하며 끝까지 참고 기다렸다.

그러던 어느 날, 1995년 6월…

그날도 나는 내 병원에서 예나 다름없이 예약된 환자들을 진료했다. 한 환자가 예고 없이 나타나지 않아서 잠깐 이층 도서관에 가서 최신 의학 논문을 몇 개 읽고 다시 진료실로 왔더니, 간호사가 "Urgent! Urgent!"라며 웃으면서 종이 한 장을 내 눈앞에서 흔들어 댔다. 의사들은 "응급" 이란 말에 아주 민감하다.

왜냐하면, 환자의 생명에 분초를 따지는 상황이니 즉시 임하라는 일종의 명령이기 때문이다. 그래서 간호사도 내 반응을 보려고 농담조로 "응급! 응급!"이라고 말했다. 내 간호사는 아주 현숙한 여성으로 나보다 훨씬 선배여서 나를 잘 보살펴줬고, 미국에서도 보기 드문 겸손하고 또 겸손한 백인 여성이어서 그저 장난치는 그런 사람이 아니었다. 그래서 무슨 일이냐고 물었더니 그 종이만 보여주며 웃었다.

그 종이를 보니 아주 큰 글씨로 "응급!"이라 쓰여 있었고 의사를 급히 구한다는 광고지였다. 그것을 보는 순간 내 눈이 번쩍 뜨인 것은 물론이었다.

그 광고지를 자세히 읽어봤다. 적도 근방에 의사 없는 한 섬에서 자원봉사 의사 한 사람을 구한다는 광고였다. 9월 한 달 동안 꼭 필요하니 곧 알려 달라는 것이었다. 나는 즉시 내 기도 응답으로 받아들였다. 집무실에 들어오는 즉시 그 광고지를 보낸 곳에 전화했더니 아직 자원자(Volunteer)가 없다면서, 내가 제일 처음 응답하는 의사라는 것이다. 갈 수 있으면 곧 알려달라고 했다. 나는 기뻤다. 드디어 주님께서 어디 갈 곳을 알려 주신 것으로 생각했다. 즉시 감사 기도를 올려드렸다.

그래서 그곳이 어디인지 지도를 보니 카리브해(Caribbean Sea)에 있는 아주 작은 섬이었다. 카리브해에는 앤틸리스(Greater Antilles)와 소앤틸리스(Lesser Antilles)가 있는데, 후자에 속한 작은 섬으로 안티구아(Antigua) 공화국에 속한 바부다(Barbuda) 섬이었다. 이 섬은 내가 전혀 모르던 곳이었고 내가 가기를 원한 곳이 아니었으니 이는 주님이 원하셔서 내게 알려준 곳이라 생각했다. 즉, 기도 응답이라 생각했다.

집에 와 아내와 의논해 보니 좋다고 해서, 아내와 함께 가기로 하고 다음 날 당장 전화로 결정지었다. 그런데 보통 그곳에 가려면 6개월 이상 준비해야 하는데, 나에게는 오직 두 달밖에 남지 않았으니 곧 준비해야 할 것이라고 했다. 그곳에 9월 한 달 가기로 했던 한 의사가 급한 사정으로 갈 수 없어서 그 자리가 빈 것이다.

의과대학 2학년 때 10일간 해남 땅에서 의료 선교한 지 30여 년이 지난 후 평생 소원이었던 의료 선교지가 처음으로 나타난 것이었다. 내 비행기 삯은 그곳에서 지급해 준다고 했고 그곳에는 미국 사람이 지어준 의사 집이 바로 병원 옆에 있어서 잠자리가 해결되었다. 그래서 내 기도 제목은 거의 다 해결된 것 같았다.

그들은 영어를 사용했으므로 언어에는 별 장벽이 없다고 했다. 나는 원래 이비인후과 및 두경부외과 전문의로서 일반 가정의와 같은 광범위한 의학 지식은 많이 낡아 있었다. 그래서 준비하는 2개월 동안 내 동료 의사들에게 녹음기를 들고 가서 그들의 진료 과정을 상세히 배웠다. 매일 두 달을 공부했더니 옛날 기억이 다 되살아나 약간의 자신감이 생겼다.

그 당시 나는 의사 1000명이 있는 큰 의료 단체에서 근무했기 때문에 여러 진료과의 의사를 많이 알고 있어서 쉽게 배울 수 있었다. 그들도 자기들이 하고 싶어도 못하는 것을 내가 한다고 하니 성실히 가르쳐 줬다. 진단, 치료 및 처방 등 최신 일반 의학을 그나마 조금 연마할 수 있었다. 내과, 산부인과, 피부과, 안과, 정형외과, 심혈관내과, 소화기과 등 골고루 다니며 공부했다. 특히 새로 나온 온갖 약품 공부도 많이 했다.

급하게 준비하고 드디어 8월 말 새벽에 집을 떠나 바부다 섬으로 향했다. 비디오 카메라도 하나 사서, 평생 소원이었고 큐티 적용한 지 여러 해 지난 그날의 감격을 녹음해 가며 흥분된 마음으로 갔다. 비행기도 시애틀에서 애틀랜타, 다시 아티구아 공화국, 세인트존스(St. John's)로 갔다.

그곳에서 하룻밤 자고 다음 날 드디어 바부다 섬에 도착했다. 감격의 순간이었다. 도착 즉시 하나님께 감사 기도를 드렸다.

이렇게 준비하고 간 바부다 섬에서 일어난 이야기는 다음 장에서 상세하게 이야기하기로 한다.

바부다 의료 선교(태풍 루이스 1995)
(1995. 8. 30 - 9. 29)

1995년 8월 30일, 새벽 4시 반에 아내와 함께 집을 나섰다. 하루 종일 걸려 안티구아 공화국 세인트존스(St. John's)에 도착한 것은 밤 열 시 경이었다. 평생 꿈꾸어 왔던 의료 선교라 많이 흥분해 있었다. 그날 밤 그곳에서 자고, 다음 날 바부다에 무사히 도착해서 의사 집(Doctor's house)에서 짐을 풀었다.

다음 날인 9월 1일.
큐티를 아내와 함께 나누고, 아침 8시 반에 병원으로 출근하여 진료했다. 떠나기 전 두 달 동안 했던 일반 진료 공부가 많이 도움이 됐다. 어려웠던 것은 끈끈하고 더운 기후였다. 냉방 시설이 없어서 수술하고 나면, 수술 장갑은 땀으로 범벅이 돼 있었다.
다행히도 당뇨병 검사 용품을 잔뜩 갖고 가서 잘 썼다. 마침 떨어져 있었기 때문이었다. 항생제 연고도 떨어져 있어서 많이 갖고 가기를 잘했던 것 같다.

근무를 마치고 집에 와서 아내와 함께 의사를 위해 제공된 사륜 트럭을 몰고 코드링턴(Codrington, 섬에서 유일한 동네) 주위를 한 바퀴 돌아봤다. 아주 작은 동네로 인구는 1500명이라 했다. 상점은 7개, 교회도 7개였고, 95 퍼센트 이상이 아프리카계 흑인이라 했다.

운전 면허를 얻으려고 경찰서로 갔더니 체스 게임을 시작했다면서 기다리라고 했다.

뭐라고?

그러나 꾹 참고 동네 가게에 가서 반찬거리 좀 사고, 다시 가니 쉽게 내줬다. 집에 돌아와 여기저기 돌아봤다. 이 집은 사방 둘레 모기장이 쳐져 있었고 침실마다 천장에 선풍기가 달려 있었고, 응접실에도 선풍기가 여러 개 여기저기 있었다. 부엌에는 냉장고, 냉동고, 전자레인지, 가스레인지가 있었다. 아주 작은 흑백 텔레비전이 하나 있는데 방송국도 딱 하나였다. 그 많은 용품이 있었으나, 전기는 왔다 갔다 했다.

책장에는 아주 커다란 검은색 바인더(black binder)가 있었는데 거기에는 이전 의사들의 조언이 잔뜩 들어 있었다. 트럭 사용법, 해수욕장, 수영, 쇼핑, 벌레에 대한 각종 정보가 가득 있었다. 책의 지시대로 물 저장 탱크를 열어보니 물이 93퍼센트 차 있어서 살균제로 클로락스(Clorox, 표백제) 세 컵을 부어 넣었다. 밤이 되니 악몽이 시작됐는데, 그곳에서 말하는 노씨엄(no-see-ums, 일종의 모래 파리), 모기와 물집 내는 벌레(blister bug) 때문이었다. 그래서 잘 때는 바인더의 조언대로 긴 바지에 긴 소매 셔츠에 긴 양말을 신고, 모기약을 잔뜩 뿌리고 모든 선풍기는 다 틀어 놓고 잤다.

다음 날은 토요일.

우리는 트럭을 몰고 바닷가로 가서 수영도 하고 스노클링도 했다. 끝없이 펼쳐진 넓은 모래사장에는 우리 둘 외에 아무도 없었다. 하얀 모래사장에는 군데군데 연분홍색 모래도 섞여 있었는데, 자세히 보니 아주 작은 조개껍데기로 된 모래였다. 정말 아름답게 보였다. 물속에는 산호와 열대어들이 많이 보여 즐거운 나들이였다. 한 40분 놀다가 곧 집으로 돌아왔다.

한 달 내내 시간이 많으니 다음으로 미루자고 했다.

그런데 그것이 처음이자 마지막이 될 줄 누가 알았으랴!

집에 와서 텔레비전을 틀어보니 48시간 후에 아주 강한 태풍 루이스(Hurricane Luis 1995)가 이곳을 향해 오고 있다고 했다. 뉴스는 밤새 계속됐고, 어떻게 준비해야 하는지 알려 줬다. 그래서 많은 정보가 들어있는 검정 책 바인더를 열어봤더니 한 달 전에 봉사하고 간 의사의 소견이 적혀 있었다. 이 집이 태풍에 견딜 수 있게 건축되었다고 하지만, 한 달 전에 왔던 태풍에 어려웠다고 적혀 있었다. 당시 풍속은 겨우 시간당 70마일이었는데 말이다. 그러면서 만일 태풍이 온다고 하면 대피하라고 권면했다. 우리 내외는 즉시 기도했다.

어찌 이런 일이?

우리는 모든 짐을 또 싸야 했다. 중요한 것과 아닌 것을 따로 쌌다.

다음 날, 주님의 날, 9월 3일.

뉴스에 태풍이 시속 140마일이고 태풍의 눈(hurricane eye)이 선명하게 나타났으며, 지난달 태풍보다 두 배 더 심하다고 했다. 바부다를 지나갈 확률은 95퍼센트라고 했다.

우리는 한 교회에 갔다. 찾아간 교회 이름은 믿음침례교회였고 그 섬에서 제일 작은 교회라 했다. 아내가 집을 떠나기 전 집에 있던 새 옷들을 잔뜩 갖고 가서 필요한 사람들에게 나누어 주기 위해 가장 작고 가난한 교회를 찾은 것이다. 그날 찬송가는 <폭풍 중에>, <예수께서 명하사 폭풍아 바람아 잔잔할지어다>였고, 설교 제목도 <태풍을 두려워 말고 회개하며 기도하라>였다.

예배 중에 땀을 어찌나 흘렸는지 옷이 다 젖을 정도였다. 예배 후, 벨뷰에 있는 우리집에 전화해서 목사님께 기도 부탁하려고 했는데, 잘 안 되어 포기했다. 뉴스는 온통 태풍 소식밖에 없었다. 다음 날 오후 2시에 올 것이라 했다. 그래서 우리 내외는 그 준비로 방송의 지침대로 창문을 다 닫고 셔터(shutter, 창문을 보호하기 위해 달아놓은 두꺼운 판자 덮개)를 모두 천장에서 내려 큰 못으로 박아버렸다. 지침대로 텔레비전을 포함한 모든 물건은 방바닥에 내려놓고 제일 중요한 검은색 바인더는 내가 갖고 떠났다. 집 밑에 뒀던 트럭과 앰블런스는 집이 무너질 것을 고려해서 마당에 옮겨 놨다.

9월 4일 아침.

큐티하고 병원에 가 봤더니 아무도 없었고, 조금 있으니 만성 심부전증 환자 외에 여러 명이 와서 잘 치료해 보냈다. 열 시쯤 되니, 모두 집으로 가고 병원은 텅 비었다. 집에 와서 덜 필요한 가방은 병원에 갖다 두고 와서 기다렸는데, 마을에서는 아직도 우리가 피신할 곳을 정해주지 않고 그저 기다리라고만 했다. 우리는 식욕을 완전히 잃었고 아무것도 먹을 수 없었다. 이제 한두 시간 후면 태풍이 몰아칠 텐데 아무 소식이 없었다. 가스통은 곳간에 넣고, 집 전기 스위치는 모두 껐다.

　오후 한 시가 되니 기다리던 소식이 왔다. 한 개인 집으로 옮기라는 것이다. 그 집에 가 봤는데, 동네에서 그 이상 더 좋은 집은 없을 듯했다. 6면이 콘크리트여서 어떤 태풍에도 견딜 수 있다고 했다.

　재미있는 사실은 그 집 주인은 우리 병원 간호사로 내 선교 첫날 진료를 다 마쳤는데 늦게 예약도 없이 와서 진찰 받고 간 환자였고, 또 그녀의 아버지는 그날 아침 만성 심부전증 치료받았던 환자였다. 그런데 이상하게도 한 번도 본 적이 없는 그녀의 21살 된 아들이 우리를 초청했다는 것이다. 지난달 태풍 때 의사 집이 많이 흔들렸다는 말을 들은 터라, 이번 태풍에는 살아남기 힘들 것으로 생각하고 선의를 베푼 것이라 했다. 그 간호사는 자기가 거할 방을 깨끗이 청소해서 우리에게 내줬다.

　얼마나 고마웠던지!

　모두 성령님의 역사였을 것이다.

　9월 4일 오후 2시 45분에 예상대로 태풍이 시작됐다. 제일 먼저 전기가 나가서 우리는 석유등을 켜서 불을 밝혀야 했다. 처음에는 풍속이 70마일이었는데, 조금 지나니 140마일까지 아주 초강풍으로 변했다. 바람 소리가 얼마나 강했던지 제트기 엔진 소리 같았다. 아니, 그보다 10배는 더 요란한 것 같았다. 거기에다 덥고 끈끈해서 견디기 힘들어 잠을 잘 수 없었다. 내 평생 이토록 참기 힘든 경험은 2차대전 때와 6.25 전쟁 때 그 후 처음이었다.

　아내가 말하기를 "지옥은 이보다 더할 것이니 절대로 그리로 가서는 안 되겠다"고 다짐했다. 우리 내외는 석유 등잔 밑에서 계속 찬송가를 부르며 이 섬사람들과 우리를 지켜 보호해 주십사 기도에 힘썼다.

다음 날 새벽 6시가 되니 바람이 그치는 듯했다. 그래서 나가 봤더니 나무들은 뿌리째 뽑혀 여기저기 흩어져 있었고, 전깃줄은 거미줄같이 끊어져 땅에 늘어져 있었다. 어떤 집은 아예 날아가 버렸고, 며칠 전 장을 봤던 상점은 물건들이 여기저기 흩어져 있었다. 재미있는 것은 코코넛 팜 나뭇잎은 다 축 늘어져 있었지만, 아직도 나무에 붙어 있는 것이 신기하기만 했다. 온 동네는 바닷물로 범벅이 돼 있었고 어떤 곳은 물이 무릎까지 차 있었다. 바람이 완전히 그치니 온 세상이 죽은 듯 조용해졌다. 날이 훤히 밝아지니, 드디어 내 머리 위로 파란 하늘이 보였다. 태풍의 눈(the eye of the hurricane)이 나타난 것이다.

파란 하늘 주위로 흰 구름이 시계 반대 방향으로 빙빙 돌고 있었는데 태풍 눈을 볼 수 있다니 원더풀하기만 했다. 얼마나 아름답고 맑은지 이곳에 태풍이 왔다는 사실이 믿어지지 않을 정도였다. 태풍으로 큰 피해를 보고 고통스러웠지만, 이 광경은 너무나 아름다웠다고 고백할 수밖에 없었다.

태풍 눈이 바부다를 지나가는 데는 꼭 3시간이 걸렸다. 태풍 전 단계는 지나가는 데 15시간이 걸렸다. 이제 제2단계가 올 것을 생각하니 두렵기만 했다.

아침 9시가 되니 태풍이 다시 시작됐다. 이번에는 180도 반대쪽에서 불기 시작했다. 남아 있는 지붕은 아예 다 날려버리고 남은 나뭇잎은 모두 다 없앨 기세였다. 우리 내외는 거의 36시간 동안 아무것도 먹지 못한 채였다. 무더운 기후에 참기 힘들어, 나는 수면제 한 알 먹고 잠을 청했으나 소용이 없었다. 바람의 방향이 바뀌니 빗물이 창으로 스며들기 시작해서 내 아내는 거의 15시간 동안 계속해서 물을 닦아내야만 했다.

이제 우리는 거의 48시간 이상 먹지도 자지도 못했다. 두 번째 태풍은 더 심해서 풍속이 225마일까지 됐다고 방송에서 알려 줬다. 이런 강풍은 태풍 역사상 거의 최악의 상태라 했다. 우리는 배고프고 피곤해서 지칠 대로 지쳐 있었다.

다음 날 아침이 되어 큐티하고 밖에 나가보니 바람이 많이 잦아졌다. 그런데 조금 있으니 이번에는 천둥 번개와 함께 엄청난 비가 쏟아졌다. 반나절이 지나니 바람도, 비도 멈췄다.

나는 트럭을 몰고 혹시 어디 다친 사람이 없나 동네로 나가 봤다. 우리가 피신했던 집은 거의 괜찮은 듯했지만, 동네 집들은 하나같이 모두 다 여기저기 파손돼 있었다. 어떤 집은 아예 몽땅 뽑혀 마치 누가 들어 다른 데로 옮긴 것처럼 멀리 떨어져 내동댕이쳐져 있었다. 또 많은 가로수가 뿌리째 뽑혀 넘어져 있었다. 배들은 모두 다 없어졌고, 라군(lagoon, 석호: 사취, 사주 따위가 만의 입구를 막아 바다와 분리되어 생긴 호수)도 세 곳이나 뚫려 있었다. 발전소는 완전히 파괴되어 복구하는 데 3-4개월이 걸릴 것이라 했다. 따라서, 전화 연결도 완전히 끊겼다. 물론, 비행기나 선박도 다 취소된 상태였다.

우리가 거하던 의사 집에 가보니 지붕은 2/3가 없어졌고, 모든 창문과 셔터는 그 큰 못들이 다 빠져 모두 부서져 있었다. 천장에 매달렸던 선풍기들은 다 떨어졌고, 부엌은 완전히 파괴돼 있었다. 책들은 모두 젖어 있었고, 모기장은 다 찢어지고 없어져 버렸다. 성한 곳은 아무 데도 찾아볼 수 없었다. 우리가 대피하지 않고 그대로 있었으면 아마 날아다니는 물건에 다치거나 쇼크로 죽었을지도 모른다.

　의사 집이 완전히 파괴됐으므로 우리는 다시 거처를 옮겨야만 했다. 새로 정해준 집에 가보니 방바닥은 거의 5센티미터나 되는 물로 차 있었다. 도마뱀도 기어 다녔다. 우리는 우선 물부터 닦아냈다. 이사하고 보니 쓸 물이 없었다. 그 집 물탱크 파이프가 파괴돼 있었기 때문이다. 그래서 집에 있는 양동이 등 물 담을 그릇을 모두 트럭에 싣고 의사 집으로 갔다. 거기 물탱크에서 물을 퍼서 담아 트럭에 싣고, 다시 집으로 와서 내려놓고 하느라 여간 힘들지 않았다. 그 결과, 디스크 탈출병이 생긴 듯 허리가 많이 아팠으나 나는 불평하지 않았다. 오히려 우리를 연단하시는 하나님께 감사했다.

　천만다행으로 그동안 응급 환자도 없었고 아무도 다친 사람이 없었기 때문이다. 그 와중에도 파괴된 것을 제외하고는 모든 것이 다 순조롭게 지나가는 듯했다. 우리 기도에 대한 응답인 듯해서 우리를 살펴주신 하나님께 감사했다.

　태풍이 지나간 다음 날, 9월 7일.
　아내와 함께 아침 큐티한 후 병원으로 가봤더니 아무도 없었다. 아침 햇살이 밝게 비춰 화창한 날씨였다. 병원도 많이 파손돼 있었다. 조금 있으니 청소부 몇 명이 와서 뜰을 청소하기 시작했다.

　환자가 몇 명 와서 진료해 주었다. 직원들도 나와서 모두 매일 열심히 병원을 청소했다. 불평하거나 원망하지 않고, 오히려 찬송가를 부르며 젖은 물건들을 밖으로 꺼내 말렸다. 많은 의료용품이 젖어 못쓰게 돼서 버려야만 했다. 동네 사람들도 마치 예상했다는 듯이 모든 것을 수용하는 것 같았다.

그러나 예상하지 못했던 고난이 계속되니 아내는 집에 돌아가고 싶다고 했다. 그럴 만했다. 그러면서도 아내는 어려움을 당한 성도들과 동네 주민들을 돕고 싶어서, 때마침 가방 잔뜩 갖고 온 옷가지들을 나누어 주고 싶어 했다. 특히, 태풍으로 모든 것을 잃은 가정부터 도우려고 동네 사정을 잘 아는 한 사람에게 그 옷 가방을 줬다. 걸스카우트의 정신을 발휘하려면서 기뻐서 집에 갈 뜻을 버렸다.

전화선이 다 파괴되어, 전에는 전화로 해결하던 일을 직접 다니면서 해결해야 했다. 한번은 타이어 바람이 빠져 고치려고, 정비소까지 걸어가서 예약해야 했다.

이번 의료 선교는 내 예상과는 전혀 다른 방향으로 가고 있었다. 이번 태풍은 이 섬이 생긴 후 제일 극심한 태풍이라고 현지인이 말해 줬다.

환자 진료는 오후 1시까지 하고 오후에는 자유 시간이라고 했으나, 태풍 때문에 온종일 일해야만 했다. 땅에 떨어진 철판 지붕으로 피부가 찢어지고, 피를 흘리며, 못에 발이 찔린 사람도 많았다.

의료 선교를 왔는지, 태풍 연습을 하러 왔는지 혼동될 정도로 매일 바빴다. 이삿짐을 풀고 싸고 한 것도 벌써 6번이나 됐다. 동네 사람들은 모두 지붕 수리에 여념이 없었고, 젖은 물건들을 밖에 내다 말리느라 바빴다. 우선순위가 무엇인지 너무도 할 일이 많았다.

나도 의사 집에 가서 젖어 있는 책들을 한 장씩 말리기 시작했다. 여러 날 걸렸다. 집 안에는 모기가 가득했고 도마뱀도 여기저기 기어 다녔다.

9월 9일, 토요일.

밤새 벌레들과 싸웠는데, 아침 날씨는 아주 상쾌했다. 큐티를 마치고 바닷바람을 쐬려고 나섰다가 얼마 못 가 되돌아왔다. 도로는 사륜 트럭으로도 갈 수 없을 만큼 파괴돼 있었고, 모래와 해초와 쓰러진 나무들로 꽉 차 있었다.

집에 돌아와 보니 미국과 안티구아 정부에서 구조품이 왔다며 나에게 상의하자고 했다. 나는 우선 항생제 연고가 많이 필요하다고 했다. 피부에 상처를 입은 사람들이 엄청 많았다. 그래서 우선 길부터 청소해야 할 것이라고 했다.

오후가 되어 누가 문을 두드리기에 나가 봤더니, 글쎄 구호품을 주는 것이다. 쌀, 밀가루, 물병, 통조림, 설탕, 등 재난 구호품들이었다. 45년 전 한국전쟁 때 받아본 후 처음이었다.

9월 10일. 주님의 날.

아침 큐티를 마치고 우리는 필그림교회로 갔다. 주일마다 다른 교회로 가서 예배 드리고 싶어서 선택한 것이다. 이 지역에는 성공회 교회도 있고 오순절 교회도 있었다.

목사님은 태풍에서 우리를 보호해 주셔서 감사하다고 했다. 그날 저녁때 모든 교회가 연합해서 감사 예배를 드릴 것이니 모두 광장에 나오라고 광고했다. 오후에 우리 내외도 그곳에 가봤다. 함께 웃으며 찬송하며 손뼉 치며 즐겁게 노래하며, 누구도 슬픈 기색을 보이지 않았다. 그러면서 우리 내외를 환영해 줬다.

태풍 후, 우리는 그런대로 참고 적응하며 살고 있었다. 하지만, 한 가지 크나큰 문제는 벌레들이었다. 모기, 물집벌레(water blister bug),

노시엄(엄, 모래과리, no-see-ums, sand fly)이 그 주범이었다.

아내가 집 안 모든 틈새를 다 막아버려서 물집벌레는 그런대로 막을 수 있었고, 발견하는 즉시 죽이면 됐다. 물집벌레는 마치 개미같이 생겼는데, 약 1센티 정도 크기에 날개가 달려 날아다닐 수 있었다. 어디서나 볼 수 있었고, 피부에 붙어 오줌(일종의 분비물)을 싸면 그곳에 커다란 물집이 생기는데, 샤워하다가 잘못 건드리면 곧 터졌고, 그 터진 곳을 건드리기만 하면 통증이 이루 말할 수 없을 정도로 심했다. 아내는 목덜미에 3개나 생겨, 열흘 정도 고생했다.

어느 날, 집안에서 물집벌레가 발견됐는데 그만 내가 놓치고 말았다. 아내가 화를 내면서 우리는 싸울 뻔했다. 그 벌레에 노이로제가 걸렸기 때문이다. 결국, 찾아내어 죽였는데, 그제야 아내의 노여움이 가라앉았다.

이 벌레는 보이기 때문에 처치할 수 있었으나 더 큰 문제는 '엄'(no-see-ums) 벌레였다. 이 벌레는 꼭 마치 먼지 같이 아주 작아서 모기장을 넘나들었다. 어느 날은 커피가 식어 버리려고 보니, 검은 그것이 또 있기로, 자세히 보니 엄이었다. 그러고 보니 설탕 그릇에도, 화장실 물에도, 물 저장고에도 모든 음식물에도 무더기로 붙어있었다. 할 수 없이 음식 물은 냉장고에 넣었다. 공기가 차단돼 있으니 좀 나으리라 생각해서였다.

하지만, 환기가 안 되니 음식물이 곧 상했다. 할 수 없이 단념하고 "없앨 수 없으면 함께 살아라"라는 속담대로 함께 살기로 했다. 그런데 더 큰 문제는 이 벌레에 물린 자국이었다. 한번 물리면 그 자리에 반점이 생기는데 어찌나 가려운지, 밤낮 긁어 대니 그 고통이 심했다. 온갖 방법을 다 동원했으나 소용이 없었다. 모기약도 뿌려 보고,

모기향도 피워 보고, 크림, 로션 등 안 써본 것이 없었다.

우리는 밤낮 할 것 없이 이 벌레에 시달렸다. 하루는 '몇 군데나 물렸나'하고 반점을 세어 봤더니 나는 온몸에 약 700군데나 됐고, 아내는 더 많아 모두 1500군데 이상 됐다.

이 벌레는 습도가 높거나 바람이 없으면 더 극성이었다. 특히, 바람이 그치는 저녁 6시 반부터 극성을 부리기 시작했다. 그래서 우리는 5시에 하고 저녁 식사를 마치고, 잘 준비를 해야만 했다.

6시 반 이후 아침까지 바람이 없었다. 창문가에 붙어 바람이 오기를 기다렸으나 소용이 없었다. 하나님께 간구해도 바람을 보내주시지 않았다. '바람을 좀 보내주소서'하며 계속 구했으나 응답이 없었다. 샤워하며 견디어 봤으나, 한두 시간 후면 여전했다. 항히스타민제를 먹어도 별 효과가 없었다.

결국, 일찍 자는 것 외에 다른 도리가 없었다. 우리는 긴 바지에, 손발을 긴 양말에, 긴 소매 셔츠에, 수건으로 머리를 싸매고 머리끝에서 발끝까지 시트로 덮고, 모기약을 잔뜩 뿌리고 잤다. 습하고 덥고 끈끈한 밤에 이런 모양으로 잠자려니 잠이 잘 오지 않아 뜬눈으로 밤을 새운 날이 허다했다.

결국, 아내는 엄에 항복하고 말았다. 집에 돌아가고 싶다고 했다. 태풍이 지나간 후, 2주가 됐는데도 시의회에서는 우리에게 아무 관심이 없는 듯했다. 그러나 우리는 불평하지 않았다. 온 동네가 다 힘들어하니 우리에게만 혜택을 달랄 수도 없었다. 그러나 이 벌레 문제는 해결할 수 없었다. 현지인들은 어떻게 이런 것을 극복할 수 있나 물어봤더니 그들도 꼭 같이 물리는데 한 1-2초 지나면 아무렇지 않다는 것이다.

그러나 우리는 바부다를 떠난 후에도, 2주 이상 여파가 지속됐다. 3일 연속 잠을 잘 수 없으니 아내의 뜻을 따라 집에 돌아가기로 했다.

전기가 없으니 선풍기도 쓸데없고, 스테로이드 크림을 발라도 잠시뿐 소용이 없었고, 전신을 덮고 자려니 무덥고 끈끈해서 잠도 잘 수 없었다. 등잔용 석유도 동나서 이것도 절약해야만 했다. 휘발유도 동나서 차도 몰 수 없었다. 제3국에 사는 것이 아니라 제6국에서 사는 느낌이었다.

하나님께 기도하며 '바람을 좀 보내주소서' 했더니 태풍을 보내주셨다. 9월 15일에 풍속 85마일 태풍 마리린(Hurricane Marilyn 1995)이 또 왔다. 그래도 계속 기도했으나 응답이 없었다.

9월 18일.
아침 큐티를 마치고 아내에게 '이제 그만하고 이곳을 떠나자'라고 말하고 집을 나섰다. 너무 견디기 힘들고, 또 실망이 커서 할 수 없이 내린 결정이었다. 처지를 상의해 보려고 즉시 시의회에 갔더니, 밖에서 기다리라고 한다. 예전과 같이, 20분 정도 기다리다가 '기다리고 있다'고 말했더니, 계속 기다리란다. 20분을 더 기다리다 더 이상 참을 수 없어서 언성을 높여 말했다.

"난 어서 병원에 가서 환자를 진료해야 하는데, 더 이상 여기서 시간을 보낼 수 없다"고 하니 그제서야 하던 일을 잠시 멈추고 나를 만나 줬다.

"뭘 도와주면 좋겠느냐" 묻길래, 내 다리를 보여 줬다. 그걸 보고는 "당신에게 필요한 것은 선풍기"라고 했다. 병원에는 발전기가 있으나 내가 의사 집에 머물지 않고 있다는 사실을 모르고 있는 듯했다.

해결해 주겠다는 대답을 들은 후, 나는 병원으로 향했다.

일과 후, 아내를 데리고 비행기 예약을 위해 국제 전화가 있는 곳을 찾아갔다. 한 30분간 했는데 계속 통화 중이었다. 그때 느닷없이 시의원이 우리를 찾아 왔다.

어떻게 알고 왔을까?

그곳으로 간다는 말을 한 적이 없는데, 아마 하나님께서 우리가 떠나는 것을 막으려고 보내셨을 것이다. 그는 우리집에 발전기를 설치해주겠다고 했다. 고맙다고 말은 했지만, 여전히 화가 풀리지 않아 계속 전화를 했다. 여전히 통화 중이었다. 할 수 없이 포기하고 집에 왔다.

그런데 이게 웬일, 발전기가 설치된 것이 아닌가!

시의 고급 관리들과 전기 기술자가 집 뒤 뜰에서 발전기를 설치하고 있었다. 아내는 즉시 끓여 정수한 물을 대접했다. 이 지역은 몹시 더워서 특히 태양 빛 아래에서 일하는 사람들에게는 이렇게 하는 것이 예의였다. 그들이 냉장고를 열어봤으나, 거기에는 물병 외에는 아무것도 없었다. 전기가 없어 음식이 곧 변질하므로, 우리는 매일 장을 봐야만 했다. 온 동네가 힘들어하고 있는데 우리만 잘살겠다고 전기 달랄 수 없어서, 밤에 잠을 잘 수 있게 저녁에서 아침까지만 전기를 쓸 수 있게 해달라고 말했다.

드디어 우리집에 전기가 들어왔다. 찬물을 마시며 얼음을 보니 참으로 오랜만에 살 것 같았다. 즉시 하나님께 감사하며, 아침에 화낸 것을 회개했다. 전기가 들어오니 밤에 벌레와의 싸움을 그치게 됐고 의사 집에 가서 물 길어오는 일도 끝났고, 해진 후에 희미한 석유 등

아래가 아니고 적깃불 아래서 책을 읽을 수 있어서 정말 좋았다.

거의 두 주 동안 우리는 제6세계에서 살다가 드디어 현실로 돌아온 것이다. 저녁에 일찍 잠자리에 들지 않아도 됐고, 저녁 식사 후 그동안 읽고 싶었던 카리브해의 지리, 역사, 어종, 조개, 산호초 등 다양한 주제의 책을 읽을 수 있게 되어 기뻤다. 아내도 마음을 바꿔 끝까지 있겠다고 했다. 아내는 매일 아침 밤새 만든 얼음을 주위 집마다 나눠줬고 그곳을 떠날 때까지 얼음 나누는 일을 계속했다.

9월 19일.

잊을 수 없는 날이다. 선풍기를 틀어 놓으니 얻이 달려들지 못해 잠을 잘 수 있었다. 그동안 전신을 다 덮고 자던 습관은 버릴 수 없었지만, 선풍기에서 바람이 불어오니 살 것 같았다.

또 다른 의미에서 그날은 잊지 못할 날이다.

4년 전, 그러니까 1991년 9월 19일에 거의 말기에 가까운 대장암 수술을 받은 날이었다. 당시 의사는 내가 살 가능성이 30%라 했는데, 지금까지 살게 해 주시고, 또 이렇게 선교까지 하게 해주신 것은 오직 하나님의 사랑과 은혜 덕분이었다. 그랬는데도 조금 불편하다고 하나님께 불평했던 것을 회개하고 용서를 구했다.

다음 날 병원에 가보니 모두 나를 보며 괜찮으냐고 물었다. 전날 내가 화가 잔뜩 난 것을 보았던 모양이다. 이제 살 만해서, 퇴근 후 우리는 떠날 준비로 바닷가에 가서 연분홍색 모래를 주워 왔다. 선물용이었다. 연분홍색인 이유는 모래같이 아주 작은 조개껍데기였기 때문이었다.

트럭 타이어도 두 번 더 바람이 빠져 바꿔야 했다. 벌써 여러 번 바꾸다 보니 이제 타이어 바꾸는 선수가 된 셈이다. 자동차 정비소 직원들이 태권도를 가르쳐 달라고 해서 좀 가르쳐 줬더니, 그 후부터 휘발유를 맘대로 쓰라고 했다. 계속 가르쳐 달라고 했으나 시간이 얼마 남지 않았다. 태권도는 내가 해군 군의관으로 함상 근무를 하는 동안 태권도 유단자인 부장에게서 배운 것으로, 예상도 하지 못한 그곳에서 처음 써먹었다.

약속했던 9월 27일, 드디어 나의 의료 선교를 끝까지 모두 마치고 바부다를 떠났다. 마지막 날 병원은 환자들로 아주 바빴다. 30명이나 진료를 봤다. 모두 나에게 잘 가라고 인사차 왔다고 하면서 진찰도 받고 갔다.

떠나기 전날, 우리는 우리 입은 것 외에 모든 옷가지를 제일 처음 갔던 믿음침례교회 목사님에게 전달하며, 우리보다 더 필요한 사람에게 나눠줄 것을 부탁했다. 그는 아주 고맙다며 받았다. 그 결과, 우리 가방에는 기념품으로 분홍색 모래를 갖고 갈 자리가 생겨 서로 좋게 됐다.

선교 중 가장 기억에 남는, 가장 어려웠던 환자는 한 중년 당뇨환자였다. 이미 벌써 한쪽 다리는 절단됐고 나머지 다리에 3도 화상을 입고 찾아온 것이다. 태풍 때문에 집에 있던 인슐린이 못 쓰게 된 것 같아서 쓰지 않았다는 것이다. 혈당을 재봤더니 글쎄 400이나 됐다. 정상보다 4배 더 높은 수치였다. 인슐린 주사가 지금이 더 필요한 때라 설명했다. 그 이유는 현재 다리에 3도 화상을 입었기 때문이라고 말해 주고, 반드시 매일 병원에 와서 주사를 맞으라고 권면했다.

인슐린 주사를 놔주었고, 그 후 그가 올 때마다 인슐린 주사를 놔줬다.

시애틀 집에 온 후, 가려움증이 다 없어지는 데는 3주가 더 걸렸다. 그러나 이번에 당한 훈련은 앞으로 있을 어려움을 극복하는 데 많은 유익을 줄 것으로 생각하며 하나님께 감사를 드렸다.

이번 의료 선교는 앞으로 있을 모든 선교를 준비하는 데 필요한 인내와 봉사의 훈련을 위한 하나님의 특별한 계획 속에 일어난 일련의 가르침이었을지 누가 알랴?

사람들이 "또 오겠느냐고" 묻는 말에 아내는 아니라고 했으나, 사실 나는 또 오겠다고 하고 벌써 약속을 해둔 상태였다. 다만, 다음번에는 절대로 9월에는 오지 않겠다고 다짐했다.

제2차 바부다 의료 선교
(1996. 6. 29 - 7.29)

1995년 9월 바부다에서 한 달 동안 지내면서 아주 어렵게 의료 선교를 마쳤는데, 현지인들이 또 오라고 해서 그러자고 약속하고 떠났다. 아내는 너무 힘들어서 다시는 이곳에 오지 않겠다고 하며 떠났다. 너무 고생이 많았기 때문이었다. 그래도 우리는 잘 견디어 냈다. 끝까지 버티고, 약속한 날 그곳을 떠났었다.

다음 해에 또 초청이 와서, 이번에는 비교적 태풍이 없다는 7월로 일정을 정했다. 1996년 6월 말에 집을 떠나 다시 바부다로 갔다. 생애 두 번째 의료 선교로 내 마음이 아주 설렜다.

지난번에 심히 고생을 했기에 이번에는 나 혼자 가려고 했는데, 아내도 다시 따라나섰다. 혼자 보내려니 걱정도 되고, 식사나 빨래나 집에서 할 일도 있으니 함께 가서 나를 돕겠다고 했다.

그랬는데 또다시 태풍을 만났으니, 아마 하나님께서 주시는 앞으로 있을 선교의 훈련이라고 생각했다. 아내는 많이 놀랐지만 견디어 보겠다고 했다.

이번 태풍은 그곳에 도착한 지 열흘 만에 찾아 왔다. 전년에 비해 그렇게 심하지 않을 것이라 해서, 아내는 피난 가지 않고 의사 집에 그냥 있겠다고 했다. 그렇게 결정을 하고, 우리의 뜻을 마을에 전했다.

그랬더니 마을의 장정이 우리집으로 몰려와서 창문마다 못질을 하고, 넓은 널판자로 창문 덮개(shutter, 즉 window cover)를 만들어 창문을 아예 막아주었다. 창문 덮개는 태풍 피해를 예방하기 위해 만들어 놓은 넓고 두꺼운 널판자도, 각 창문마다 천장에 매달려 있었다.

태풍이 시작된 것은 초저녁부터였는데, 아내가 깨어 지켜보겠다고 하길래 나는 수면제를 한 알 먹고 잤다. 자정이 되어 태풍의 눈(Hurricane Eye)이 지나가는 시간이라 태풍도 덜고, 약속대로 우리는 서로 교대하여 이번에는 내가 불침번을 서며 혹시 있을 사태를 지켜보기로 했다.

태풍이 섬에 있는 단 하나의 발전기를 파괴해 모든 전기가 끊어졌다. 사방이 캄캄한 방에서 들리느니 세찬 비와 바람 소리뿐이었다. 그야말로 지옥 같은 느낌이었다. 아내는 태풍 소리가 너무 무서워 성경 시편을 다 읽었다고 했다.

아내는 수면제를 먹고 자고, 나는 태풍이 끝날 때까지 지켜보기로 하고, 불빛이 전혀 없는 캄캄한 방에 전등 하나 켜고 의자에 앉아 밖을 지켜봤다.

아니나 다를까 자정이 지나니, 태풍이 다시 불기 시작했는데 그 위력이 어찌나 컸던지 태풍을 실감할 수 있었다. 이번에는 반대쪽에서 불기 시작했다. 밤중이라 태풍의 눈은 볼 수 없었다.

간혹 강한 돌풍이 불면 그 위력이 얼마나 컸던지, 셔터를 고정한 못들을 하나씩 뽑더니, 급기야 그 큰 창문 덮개를 아예 뽑아 내동댕이쳐버렸다. 박살 난 창문을 통해 들어오는 빗방울은 어찌나 큰지 엄지손가락만 했고, 한쪽 창문에서 반대쪽 창문으로 평행으로 방안을 지나가는 것이다. 방 안에 있는 모든 책은 다 땅바닥에 내동댕이쳐졌고, 탁자 위에 있던 작은 텔레비전도 땅바닥에 내동댕이쳐졌다.

그렇게 한 다섯 시간 지나니 잠잠해지기 시작했고 동이 틀 무렵 드디어 태풍은 지나가고 바람이 잔잔해졌다. 이번에는 반나절도 안 돼서 태풍이 다 지나갔다. 아침이 되니 동네 젊은이들이 다시 몰려와서 우리집 전깃줄부터 수리해야 한다며 고쳐 주고, 또 작은 발전기를 즉시 설치해서 우리를 조금이라도 편케 해주려고 노력하는 것이 보였다. 전년에 고생했던 우리를 기억하고, 감사하는 마음으로 그렇게 했다는 것이다.

덕분에 이번 태풍에는 단 하룻밤만 힘들었다. 전년에 비하면 비교도 안 될 정도였다. 완전히 노출된 상태에서 태풍의 위력을 실제로 몸소 경험하는 좋은 기회가 됐고, 하나님의 위력을 직접 경험하는 계기도 된 듯했다.

천만다행으로 이번 태풍에도 섬사람 중 다친 사람은 한 명도 없었다. 나를 지켜주시는 하나님의 배려였던 것 같았다.

물론, 많은 집의 지붕이 날아갔으며 길은 어지럽게 훼손되어 있었다. 전깃줄은 거미줄같이 땅에 떨어져 있었으며, 라군(Lagoon)도 훼손되었으나, 곧 정상으로 회복되는 것을 보고 놀랐다. 바닷가 모래사장도 전년같이 해초로 덮여 있긴 했지만, 전년에 비하면 그리 심하지 않았다.

병원도 물이 많이 들어왔을 뿐 괜찮았다. 병원 직원들은 젖은 물건들을 모두 꺼내 햇볕에 말렸다. 적도 지방이라 금방 말랐다. 태풍 후에는 구름 한 점 없는 날씨가 계속되어 뜨거운 적도 햇살에 의해 전년보다 빨리 말랐고 회복도 빨랐다.

동네 청년들이 와서 출문도 모두 새로 달아 주고, 모기장도 다 다시 수리해 주었다. 우리 내외의 안위를 위해 애쓰는 모습이 참 좋고 고마웠다.

이틀 후 우연히 창문 밖을 보니 뭐가 움직이고 있길래, 가까이 가서 보니, 이게 웬일인가?

수백 마리의 물집벌레(blister bug)가 둥지를 만들고 있었다. 지난번에 아내에게 물집을 만들어 3주 동안 고생시킨 바로 그 벌레들이었다. 나는 기겁하고 즉시 살충제(Raid)를 뿌려 다 죽여버렸다.

전기가 들어오니 노시엄(No-see-um, 먼지같이 작은 모래파리)의 극성을 막을 수 있었다. 이 벌레는 바람에 약해 선풍기가 있는 한 우리를 괴롭히지 못했다. 그렇게 한 달간의 의료 선교를 무사히 마칠 수 있었다.

환자들은 예나 다름없이 주로 피부병, 고혈압, 관절염이었고 가끔 당뇨병이나 심장 질환도 있었다. 임산부는 현지 전문 산파가 있어서 응급 외에는 나의 도움이 필요 없었다. 진료는 8시 반부터 한시까지였으나, 나는 항상 필요에 따라 시간에 구애받지 않고 돌봐 줬다. 모두 흑인이었고 백인 환자는 섬에 있는 리조트에서 일하는 사람들이었다. 그 리조트는 유럽 사람들이 경영하는 것으로, 부자들이 자가용 비행기를 타고 온다고 했다. 그들에게 건강 문제가 생기면 내가 무료로 돌봐 줬다.

가장 어려웠던 환자는 열 살 된 남아로 눈의 흰자가 노랗게 물들어 있었다. 황달이었다. 피부는 검으니 잘 나타나지는 않았지만, 황달이 틀림없었다. 태어날 때부터 그랬다고 했다. 늘 온몸을 긁어 대어 몸 전체가 상처로 성한 곳이 없었다.

물론, 검사를 해봐야 알겠지만, 병력을 잘 들어보니 선천성 담도 협착증임이 틀림없었다. 그렇다면 수술로 고칠 수 있는 것이라고 부모에게 말해 줬다. 그래서 큰 도시에 한번 가보라고 했더니 돈이 없단다. 내가 할 수 있는 영역은 거기까지인 것 같았다.

우리 내외의 삶도 단 하루만 고생하고, 나머지 한 달 동안 정말 재미있고 멋있는 선교를 할 수 있었다. 동네 청년들이 태권도를 가르쳐 달라고 해서 내가 한국 해군 군의관으로 있을 때 배운 태권도가 기억나서 기본 자세를 가르쳐 주기도 했다.

바부다는 산호가 쌓여 생긴 섬으로, 땅바닥은 전부 죽은 산호초 바위였다. 그 위에 모래가 생기고 나무가 자라고 풀이 자란 것이다. 흙을 조금만 파보면, 마치 뇌같이 생긴 산호, 즉 뇌산호(Brain Coral)가 나타났다. 뇌산호는 대서양 서쪽, 특히 카리브해 주변에 많이 자랐고, 뇌의 표면 같이 생겼다고 해서 붙은 이름으로, 하얀 칼슘 바위였다.

바부다는 화산으로 생긴 섬이 아니라서 흙이 귀했고, 또 산이 없었다. 그 결과 강이나 시냇물이 없었고 각 집에서 쓰는 물은 모두 빗물이었다. 집마다 지붕은 양철(metal roof)로 돼 있었고 거기서 받은 빗물은 모두 다 고스란히 물 저장고(cistern tank)로 흘러 들어가서 저장되었다. 물을 썩지 않게 하려고 자주 물의 염소를 측정하여, 낮으면 클로락스(Clorox, 세탁 때 쓰는 표백제 및 살균제)를 3온스 넣어 소독했다.

다행히 열대성 소나기가 자주 와서 각 가정의 물탱크들은 항상 수위가 잘 유지되었고, 항상 물을 풍족하게 쓸 수 있었다. 하지만, 물을 낭비하는 일은 절대 허용되지 않았다.

바닷가 모래사장에는 여기저기 연분홍색 모래가 모여 있었다. 아주 작은 조개껍데기들이라 연분홍색으로 보이는 것이었다. 넓고 넓은 모래사장에는 항상 우리 내외밖에 없었고 아무리 둘러봐도 우리 발자국밖에 보이질 않았다. 우리는 그 모래를 핑크샌드(pink sand)라고 했으며, 많이 모아 집으로 가져와서 친구들에게 나눠줬다. 받은 사람들은 하나같이 다 신기해하며 고마워했다.

그곳에는 '콘치'(Conch, 아주 큰 조가비)가 많았다. 바닷가에 가면 축구공만 한 콘치를 여러 개 잡을 수 있었다. 껍질은 잘 씻어 말려서 집으로 가져 왔다. 응접실 장식으로 아주 멋있었다.

창조주께서는 어떻게 그렇게 아름다운 조개껍데기를 만드셨는지!

한번은 스노클링을 하며 한 열 개 잡아, 고기를 말려 집에 가지고 와 먹었더니 더 맛있었다.

오후나 주말에는 진료를 하지 않으니 시간이 많았다. 그러나 나는 항상 호출기를 갖고 다니는 것을 잊지 않았다. 24시간 당번을 선 것이다. 섬 전체에 의사가 나 하나뿐이니 그 섬 모든 사람의 건강을 책임져야 하므로 늘 대기 상태였다.

다행히도 응급 환자는 생기지 않아 늘 하나님께 감사했다. 대기하면서 나는 성경 일독을 했는데 2주 만에 한 번 다 읽을 수 있었다. 그렇게 쉬운 것을 왜 그리 오래 미뤄왔던지 모를 일이라는 생각이 들었다.

아내는 이번에도 갖고 간 새 옷들을 그곳 교회 목사님께 전했다. 그는 참으로 고맙게 받았다.

이번 선교는 아주 순조롭게 지나갔고, 떠나는 날 모두 다시 오라고 해서 기도해 보자고 하고 떠났다. 물론, 핑크샌드(pink sand)도 한 자루 담아, 집에 가지고 와서 친지들에게 나눠 줬다. 모두 신기하게 생각하며 참 좋아했다.

제3차 바부다 의료 선교
(1997.10.29 - 11.30)

그다음 해 1997년에도 또 초청이 와서, 11월 한 달간 제3차 바부다 의료 봉사를 했다.

이번에는 태풍은 없었으나 갑자기 내리는 열대성 호우는 자주 있었다. 빗줄기는 얼마나 크고 또 얼마나 센지, 그곳의 특징으로 늘 놀랍기도 하고 멋있기도 했다.

이번에는 아내가 크로마하프를 갖고 가서 교회에서 특송도 하고 주민들과 가깝게 지내고 왔다. 그리고 이번에도 역시 아내는 집에 있던 새 옷을 조금 가지고 가서 몇 교회에 나눠주고 왔다.

내가 있는 동안 모든 환자를 다 성실히 잘 돌봐줬고, 위기를 당한 환자는 단 한 경도 없었다. 그래서 늘 하나님께 감사했다. 환자는 두통, 소화 장애, 감기 몸살, 설사, 복통, 피부염, 안질 등 다양했고 소아인 경우, 설사 환자가 많았다. 상처를 입고 온 환자들도 있었으나 골절 환자는 단 한명도 없었다. 당뇨병, 고혈압, 관절염 환자들은 예전과 다름 없었다. 모두 다 성실히 치료해 줬고 설명해 줬다.

이상하리만큼 알레르기 환자가 없었다. 아마 알레르기를 유발하는 동식물이 적어서 그런 것 같았다.

바부다는 슬픈 역사를 간직한 섬이다. 약 200여 년 전, 에드워드 코드링턴 경(Sir Codrington)이란 영국 사람이 선정한 지역으로, 그는 아프리카 흑인들을 잡아 탄자니아, 잔지바에 가뒀다가 배에 싣고 와서 그중 건강하고 잘생긴 남자와 여자를 이곳에 이주시켰다. 아들을 낳으면 키워 또 노예로 팔았고, 여자는 또 임신시켜 아이를 낳게 한 곳이라고 현지인이 내게 말해 줬다. 가슴 아픈 역사였다. 그러나 지금 그들은 아주 떳떳이 즐겁고 행복하게 살고 있었다.

바부다는 내 의료 선교의 첫 관문이었고, 앞으로 있을 많은 선교를 위한 혹독한 훈련을 받게 한 곳이었다고 본다. 그곳에서의 극심한 훈련을 통과한 우리 내외는 그 어떤 환경에도 잘 이겨낼 수 있게 됐다고 해도 과언이 아니다.

바부다에서의 마지막 선교는 나에게 많은 좋은 추억을 남겼다. 내 일생 그런 멋진 곳에 보내주신 하나님께 감사했다. 남들이 다 간다는 동남아 여행이나 유럽 여행은 못 했지만, 그보다 훨씬 더 좋고 유명한 산호초 섬, 바부다는 하나님이 우리 내외에게 주신 값진 훈련 장소이자 휴양지였음이 틀림없다.

이번에도 예외 없이 핑크샌드(pink sand)를 한 자루 가지고 떠났다. 이번이 바부다 마지막 선교였고 다시는 그곳에 갈 기회가 없었다.

도미니카 의료 선교
(1996.7.29 - 8.6)

1996년 7월 29일 바부다 2차 선교를 모두 마치고, 그곳을 떠나 귀국길에 올랐다.

안티구아국제공항에 내려 아내를 먼저 시애틀 집으로 보냈다. 나는 계속 도미니카 공화국에서 약속한 선교가 있어 아내와 헤어져야만 했다. 한 달 동안 줄곧 수고만 한 아내를, 홀로 비행기에 태워 보내려니 내 마음이 아주 편치 않았다. 눈물이 났다.

아내가 탄 비행기가 떠나는 것을 본 후, 나도 도미니카 공화국으로 가는 비행기에 탑승했다. 그곳에는 우리 교회가 파송한 선교사가 있었고 바부다와 가까우니 그의 교회 사역도 돕고 또 어려운 주민을 돕기 위해 여러 달 전부터 준비해 온 곳이었다. 그곳은 바부다와 가까운 섬이어서 바부다에서 귀가하는 길에 들러, 며칠 동안 선교하려고 간 것이다.

의료 선교를 시작한 처음 몇 년 동안은 오른손이 하는 일을 왼손 모르게 하라는 명령에 순종해서 내 자녀 넷 외에는 그 누구에게도 알리지 않고 선교하던 때라, 출석 교회나 친지들에도 전혀 알리지 않고 다녔다. 그 결과 혹시 남녀 전도회에서나 교회에서 전달할 수도 있는 선교비가 없었다.

그러나 내 가방은 선교지 주민을 위한 값 비싼 약들로 꽉 차 있었다. 내 짐은 무거운 큰 여행 가방 3개였다. 비행기는 두 시간 만에 도미니카공항에 도착했고, 내 약품 짐도 무사히 통과되어 이내 비행장에서 나올 수 있었다.

그런데 공항 밖으로 나와 아무리 두리번거리며 찾아봐도, 마중 나와 있어야 할 선교사가 보이지 않았다. 한참 기다리다, 갖고 간 선교사 집에 한 번 전화해 봐야겠다 생각하고, 전화소를 찾으니 건물 2층에 딱 하나 있다는 것이다.

그러나 승강기도 없는 건물에서 어떻게 이 짐을 혼자서 다 끌고 이 층까지 올라갈 수 있단 말인가?

하지만, 다른 묘책이 없어 짐을 하나씩 끌고 2층으로 올라가서 목사댁에 전화했더니 사모님이 받았다. 나를 마중 간다며 4시간 전에 집을 나섰다는 것이다. 나는 사모님에게 공항 바로 앞에 짐 3개를 갖고 서 있다고 알리고, 다시 짐을 끌고 다시 내려왔다.

한 시간쯤 더 기다린 후에, 저 앞에서 한 키가 작은 동양인이 어슬렁어슬렁 천천히 걸어오는 것이 보였다. 나는 당장 그를 알아봤다.

내가 "목사님?" 했더니, 그는 "장로님"으로 답했다.

순간 분노가 치밀었지만, 억지로 웃으며 반갑다고 했다. 그는 혹시 세관에서 내 의약품이 압수되지 않을까 해서 미리 손 쓰느라 공항 안에서 기다리고 있었다며 변명했다.

그럼 내가 세관을 통과할 때는 어디 있었는가?

그리고 내가 세관을 통과한 후 3시간 동안 공항 안에서 무엇을 하고 있었단 말인가?

하지만, 나는 "그랬느냐"며 "수고 많았다"고 한마디한 후, 다른 말은 하지 않았다.

선교사 사택에 짐을 풀고, 다음 날부터 있을 선교에 대해 선교사와 의견을 나눴다. 그 나라는 스페인어를 쓰고 있어서 나에게는 통역관이 꼭 필요했다. 그래서 미리 통역을 구해줄 것을 부탁했는데, 어떻게 됐느냐 물어보니, 그는 늙은 현지인 남자 하나를 데리고 와서 내게 소개해 줬다.

그런데 대화해 보니 그가 아는 영어는 폐, 심장, 위장 등 몇 마디뿐이고, 그것도 영어도 아닌 라틴어 학명을 조금 아는 정도였다. 실망이 컸다.

'아, 이번 선교는 힘들어지겠구나' 하는 생각이 들었다. 그럴 때, 내가 할 수 있는 일은 기도뿐이었다. 나는 즉시 기도했고, 그날 밤새 기도했다.

"통역관을 보내주소서, 의료 선교를 할 수 있게 해주소서."

아침에 일어나 큐티를 하고 밖으로 나와 보니, 밝은 해가 돋듯이 희망의 소식이 들려왔다. 그곳 고등학교 여학생이 딱한 소문을 듣고 통역을 자원했다는 것이다. 마침 방학 기간이라 시간이 많다고 했다. 그 여학생은 한국어, 영어, 스페인어(현지 언어)에 능통하다고 했다.

대면해 보니 영어를 아주 거침없이 썩 잘했다. 물론, 현지 학교에 다니니 스페인어는 필수일 것이고, 3개 국어를 구사하는 영리한 학생이었다.

나는 눈을 감고 주님께 감사 기도를 드렸다. 이 여학생은 일 년에 한두 번 정도 친구 따라 교회에 올 정도였고, 가족도 하나님을 믿지 않았다. 그런데 그에게 내 딱한 사정을 알린 청년들은 교회에 나오는 학생들로, 학교에서 서로 친하게 지내던 사이라는 것이다.

그럼 그 여학생은 왜 자원했는가?

그 학생이 내게 요구하는 것은 단 한 가지뿐이었다. 선교 중에 자기와는 꼭 영어로만 대화해 달라는 것이었다. 라디오를 통해 영어를 자습해 왔고, 앞으로 미국 가서 대학 가는 것이 희망이니 나에게서 영어를 배우고 싶다고 했다. 나는 쾌히 승낙했다. 그날부터 그 여학생과는 영어로만 대화할 것을 약속했고, 그녀는 의료 선교를 돕기로 했다. 그곳을 떠나는 날까지 그 여학생과는 영어로만 대화했다. 그 학생은 너무 좋아했다.

어느날 선교사님이 우리를 한 몹시 가난한 시골 동네로 데려다 놓고, 곧장 떠나 버렸다. 하루 전, 뉴욕에서 온 목사님들을 만나기 위해 가봐야 한다고 했다. 그는 현지인 교회를 담임하고 있지 않은 듯했다. 만일, 담임하는 교회가 있으면, 제일 먼저 선교사 자신이 진두지휘하며 자기 교회에서부터 무료 진료를 시작해서 그 지역에 널리 알리고 싶었을 것이기 때문이다. 그것이 내 의료 선교를 그곳에서 하기로 한 이유 중의 하나였다. 그런데 개척한 교회가 없다고 하니 내 의료 선교가 그에겐 별 도움이 되질 않는다고 생각했을지도 모른다.

우리 일행은 그 시골 동네에 도착하자마자 우리의 뜻을 그곳에 알렸다. 그랬더니 자그마한 토굴 초가집 단칸방을 진료실로 정해 줬다. 안에 들어가 보니 후덥지근했고, 또 전기가 없었다. 동네 사람들이 옆집에서 전깃줄을 끌어 임시로 전기를 달아 줬다. 그 전기도 왔다

갔다 해서 애로가 많았다.

 그렇게라도 꾸며 놓고 진료를 시작했는데, 무더운 데서 문을 닫고 있으려니 견디기 힘들었다. 그곳에서 적응하고 사는 통역관 여학생도 견디기 힘들어했다. 그러다 누가 선풍기 하나 구해 가지고 와서 드디어 진료를 계속할 수 있었다.

 이렇게 준비에 준비하는 동안 많은 환자가 바깥뜰에 있는 바나나 나무 그늘에 앉아 차례를 기다리고 있었다. 이 기회를 포착한 현명한 현지인 신학생이 쉬고 있는 그들에게 전도하기 시작했다. 바로 내가 바라고 원했던 일이었다. 그 신학생은 우리 선교를 도우려고 가는 그곳마다 환자들을 모으고 진료 받을 수 있게 하는 일을 맡기 위해 자원해서 따라 나섰는데, 그의 전도가 내게 아주 흡족하게 보였다. 그는 끝나는 날까지 열심히 전도했다. 현지인이니 그곳에 맞게 아주 적절하게 전도했다.

 우리 팀 다섯은 열심히 최선을 다해 의료 봉사 및 전도를 했다. 우리 팀은 통역관 여학생, 한인 남학생 두 명 그리고 현지인 신학생이었다. 두 남학생은 자기들도 영어를 배우고 싶다고 했고, 그래서 나는 진료를 마친 후 숙소로 와서 매일 한두 시간씩 영어 회화를 가르쳤다. 이런 일도 내 의료 선교 중의 하나였다. 가르치는 사역, Teaching Ministry. 복음뿐만 아니라 영어도 가르치고 의술도 가르치며 복음 전하는 것은 내 선교 사역의 일부였다. 그들을 기쁨으로 열심히 가르쳤다. 그래서 그들은 신나서 나를 도왔던 것 같다.

 선교사님은 매일 우리 일행을 다른 동네에 내려다 놓고 떠나 버렸다. 그가 우리를 데려다 놓고 간 동네들은 하나같이 우리 손길이 꼭 필요한 열악한 곳들이어서 늘 그에게 감사했다.

성령님의 도움으로 그 더운 지역에서 아무 탈 없이 선교를 잘 마칠 수 있었고, 갖고 간 약도 필요한 만큼 아낌없이 나눠 줬다. 약을 받은 그들도, 약을 주는 나도 정말 기뻤다. 남은 의약품들은 자세한 설명과 함께 모두 선교사님에게 맡겼다. 선교를 도운 도우미들도 다 기쁨으로 충만했고 은혜로웠다고 고백했다.

주로 피부병 환자들이 많았고, 그 외 영양실조를 앓는 아이들이 더러 있었다. 나머지는 어느 곳에나 있을 여러 가지 질병들이었다. 이번에는 'Healing, Preaching and Teaching ministry'를 모두 할 수 있게 해 주신 하나님께 감사했다.

선교 여행 마지막 날, 전혀 생각지도 않은 일이 벌어졌다.

통역하던 여학생이 나에게 고백하기를, 자기는 예수를 믿어본 적이 없는데 이번 의료 선교를 따라다니며 예수 믿는다는 것이 어떤 것인지 조금 알게 되었다며 앞으로 매주 교회에 나오겠다고 하는 것이다. 나는 심히 놀랐고 또 기뻤다. 그러면서 이번에 선교를 도우며 내가 하는 일이 참 멋있게 보여 자기도 나와 같이 미국 가서 의사가 되어 가난한 이웃을 도우며 보람된 삶을 살고 싶다고 하면서, 지금부터 열심히 공부하여 의과 대학에 갈 준비를 할 것이라고 했다. 이번에 나와 함께 지낸 날들이 많은 도움을 줬다고 하며, 그동안 홀로 습득한 영어를 실습할 수 있어서 고맙다고 했다.

나는 그의 소원대로 되기를 주님께 기도했다. 이번 의료 선교 중 가장 중요한 사역 한 가지는 한 사람, 즉 그 여학생을 전도한 것 같았다. 그 여학생은 3개 국어를 사용하니 하나님께서 훗날 그를 의사로 만들어 크게 쓰셨을 것이라 믿는다. 라틴 아메리카에는 스페인어를 국어로 사용하는 나라가 많으니 의료 선교할 대상은 무궁무진할 것이다.

또 하나 잊히지 않는 일이 있다. 어느 날 밤, 내 방에서 개인용 모기장을 치고 자는데 이상한 느낌이 들어 전깃불을 켜고 벽을 쳐다봤는데, 글쎄 한 뼘 넘는 큰 지네가 한 뼘 넘는 거미와 사투를 벌이고 있는 것이었다. 나는 기겁하여 그 후부터 잠자리가 두려워지기 시작했다.

주일이 되어 선교사 사택에서 열 명쯤 되는 한인들과 함께 예배를 드렸다. 왜 현지인 교회를 개척하지 않고 있는지 궁금했으나 그것은 내 영역이 아니니 물어볼 수 없었다.

그곳에서 사역하는 동안 그곳에서도 유명하다는 해수욕장과 백사장 구경도 하지 않았고, 수도인 산토도밍고 시내 구경도 하지 않았다. 관광이나 쇼핑에는 전혀 관심이 없었다. 그럴 시간이 있으면 한 사람이라도 더 섬기고 싶었다.

나는 나의 임무를 끝까지 수행하고 예정한 날 그곳을 떠났다.

제1차 인도 의료 선교
(1996.10.29.-11. 27)

    옛날 내 아내는 거의 20여 년 동안 한 미국 교회에서 10명의 미국 할머니들로 구성된 'Sawing Mission Club'에서 봉사했다. 그들은 은퇴한 여집사들로 각자 자기 미싱을 들고 와서 옷을 만들었다. 한 달에 두 번씩 모여서 온종일 옷을 만들어 선교사들에게 제공하는 일을 해 온 것이다. 특히, 멕시코에서 사역하는 한 한인 선교사가 그들이 만든 옷을 다량 갖고 가서 헐벗은 원주민들에게 나눠주는 선교를 하고 있어서 아내는 빠짐없이 더욱더 열심히 일했다.

    미국 유명 백화점에서 옷이 팔리지 않으면 폐기하는데, 그것을 가져다가 짜집기를 한다든지 다른 옷으로 만드는 작업으로 대부분 아주 비싼 고급 옷들이었다.

    그러던 어느 날, 1995년 12월경이었다. Club 책임자가 아내에게 말하기를 "네 남편이 세계 의료 선교를 한다는 데 혹시 참고될지 모른다"고 하면서 관심 있으면 자기 집에 오라고 했다. 인도에서 한 목사님이 방문한다는 것이다. 인도라는 말에 귀가 솔깃하여 혹시 주님이 주시는 기회가 아닌지 모른다고 생각하고 그 집으로 갔다.

미국 사람들이 열 명가량 왔다. 그 인도 목사는 고아원을 운영하고 있는데 도움이 필요하다는 것이다. 의료 선교와는 별 상관이 없는 듯해서 듣기만 하고 집에 왔다.

그랬는데 일주일쯤 지나서 그 인도 목사가 나에게 직접 전화했다. 아마 내 얘기를 들었던 것 같다. 이런저런 얘기를 나누다가 혹시 인도 의료 선교에 관심이 있느냐고 물었다. 내 귀가 번쩍 열렸다. 그렇다고 했더니, 당장 와 달라는 것이다. 자기가 운영하는 극빈자를 위한 병원에서 봉사해 달라는 것이다.

그래서 기도해 보자고 대답하고 집으로 돌아와, 아내와 함께 기도에 들어갔다. 이것이 그저 우리들의 뜻인지, 아니면 하나님이 뜻인지 물으며 기도했다. 기도 응답은 못 받았으나 그 후 여러 차례 그 목사와 서로 대화해 본 결과, 주님의 뜻으로 받아들이고 준비에 들어갔다.

드디어 1996년 10월 25일, 인도를 향해 아내와 함께 집을 나섰다. 준비한 약을 싸다 보니 큰 가방 4개와 작은 가방 4개가 됐다.

인도 뉴델리(New Delhi)국제공항에 무사히 도착했는데, 이상한 일이 벌어졌다. 공항 밖에 나와보니 세관을 통과하지 않은 것이다. 짐을 찾고 들것에 담아 나오면서, 빨리 국내선 비행기를 타야 한다는 일념으로 비켜서라고 소리치며 나왔다.

그런데 나를 통과시켜 줄 뿐 아니라 버스까지 안내해 준 사람들이 바로 세관원들이었다니… 참으로 웃지 못할 일이 벌어진 것이다. 의약품이 모두 몰수 당했을지도 모르는 일이었는데, 그렇게 쉽게 통과되다니, 아마 성령님의 도움이었을 것이다.

다시 인도 국내선을 갈아타고 목적지인 하이데라바드(Hyderabad)공항에 도착했다. 나를 초청한 목사가 그곳에서 살고 있었다.

비행기가 도착한 시간은 거의 자정이었다. 우리 내외가 짐 8개를 찾아 들것에 싣고 공항을 나오는데, 많은 사람이 양옆에서 손을 흔들며 환영하였다. '모든 성도가 우리를 마중 나왔나 보다' 생각하고 나도 손을 들어 화답하며 나왔다.

그런데 공항을 다 빠져나왔는데도 나에게 다가오는 사람은 하나도 없었다. 그들은 나를 위해 손을 흔든 것이 아니라, 각자 자기 가족들을 위해 손을 흔들고 있었던 것이다.

나는 '이렇게 먼 길을 왔는데 아무도 마중 나오지 않았을 리 없다'고 생각하고 다시 공항으로 들어가 다시 천천히 걸어 나왔으나, 역시 나를 아는 사람은 아무도 없었다.

그들의 모습과 우리 모습은 전혀 달라 나를 못 알아볼 리 없었다. 나를 초청한 목사는 내 얼굴을 알고 있으므로 누가 꼭 마중 나올 것이라고 굳게 믿고 있어서, 의심조차 하지 않았다.

공항 대기실을 찾아봤으나, 나를 초청한 목사가 어디 있는지 알 수 없었다. 여러 사람에게 물어봤으나, 다 모른다고 했다. 저 멀리 전깃불이 희미하게 비춰오는 아주 어두운 캄캄한 밤이었다. 하늘에 별빛이 선명하게 비치는, 구름 한 점 없는 초가을 날씨였다. 공항 밖에 서있자니 거지떼가 달려들었다.

후에 경험한 것이지만 가는 곳마다 거지떼가 있었고, 특히 외국인이 보이면 옷을 잡고 떼를 쓰는 광경이 펼쳐졌다. 가방이 8개이다 보니 혹시 강탈 당하는 것은 아닐까 하여 마음이 조마조마했다.

우리는 모든 짐을 가운데 두고 아내에게는 이쪽, 나는 저쪽을 응시하며 혹시나 하고 열심히 기도하며 기다렸지만, 여전히 아무도 찾아주지 않았다.

한밤중에 그냥 그대로 밖에 서 있을 수 없어서 지나가는 사람에게 대기실이 어디 있느냐고 물어봤으나 모른다고 했다. 그렇게 한 시간 흐르니, 그나마 그곳에서 서성거리던 사람도 다 사라지고 우리 둘만 남게 됐다.

혹시나 해서 갖고 간 전화번호를 찾아 봤더니 두 개가 나왔다. 주위를 보니 전화 걸어주는 사람이 있었다. 가까스로 전화했더니 하나는 틀린 번호였고, 하나는 받지 않는다는 것이다. 한 번 더 걸어봤지만 역시 같은 대답이었다.

전화값을 지급했는데, 후에 알고 보니 그 사람이 그곳 전화 요금의 30배를 받아 갔다는 것이다. 정말 어처구니없는 폭리였다.

대책을 세워야 하는데, 전혀 예상하지 않았던 일이라 아무 대안도 생각이 나질 않았다. 그 목사는 문제가 하나도 없으니 그저 오기만 하면 자기가 다 책임지겠다고 했는데 '이게 뭔가' 하는 마음에 실망이 컸다.

밤중에 우리 내외만 달랑 남아 있으니 점점 무서워지기 시작했다. 그래서 아내더러 혼자 잠깐 있으라고 하고, 공항 문을 열고 안으로 들어가서 보니 옆에 큰 문이 닫혀 있었다. 혹시나 하는 마음에 문을 밀어 봤더니, 많은 사람이 왁자지껄 모여 있었다. 제복 입은 경관에게 다가가서 영어를 할 줄 아느냐고 했더니, 아주 유창한 영어를 했다. "무엇 하는 곳이냐"고 물으니, 세관인데 밀수업자들을 잡는 곳이라 했다. 많은 사람이 심문을 받고 있었다.

내 어려운 사정을 간단히 설명했더니, 밖은 위험하다며 속히 아내에게 가자고 했다. 그 경관에게 여기 어디 대기실 같은 것이 없느냐고 했더니, 그 건물 안에 있다면서 손수 내 짐을 밀고 앞장서 갔다. 다시 그 세관실을 지나니 큰 대기실이 나왔다. 많은 사람이 대기하고 있었다.

그런 곳이 있는데 왜 사람들은 그런 곳은 없다고 했을까?

후에 곰곰이 생각해 보니, 그 경관은 내가 만난 인도 사람 중에 드물게 친절한 인도인이었다. 아마 성령님의 역사였을 것이다.

대기실은 아주 넓고 전기가 환히 켜져 있고 많은 사람이 있어서 훨씬 안심할 수 있었다. 그러나 많은 짐을 가진 우리는 방심할 수 없어 계속 지켜보고 있었다.

그럭저럭 시간이 흐르니, 나에게는 또다른 시험이 찾아 왔다.

'아! 이번 의료 선교는 하나님의 뜻이 아니었나 보다!

그렇다면 다시 미국으로 갈 수밖에 없구나!

내 호주머니에는 왕복 비행기 표가 있었으니 아침이 되면 곧 다시 미국으로 가야겠다.'

이런 생각이 드니 아내에게 미안하고 슬프기까지 했다. 수개월 동안 기쁨으로 밤낮으로 기도하며, 주님이 가실 곳에 내가 대신 간다고 믿고 기쁘게 준비하여 여기까지 왔는데, 그냥 돌아가야 한다고 생각하니 너무 억울했다.

이것이 하나님의 뜻인가?

제6장 제1차 인도 의료 선교

오지 않는 사람을 마냥 기다릴 수도 없고, 다른 대안도 없는듯해서, 결국 기도하며 아내와 상의한 끝에, 날이 밝기를 기다려 다시 미국으로 되돌아가기로 의견을 모았다.

너무 답답해서 밖에 나가 바람을 좀 쐬고 오겠다고 아내에게 말하고 공항 밖으로 나가니, 어느새 날이 훤히 밝아오고 있었다. 하나님께 '왜 이런 일이 생겼는지' 기도하며 걷는데, 인도 청년 두 명이 내 옆을 스치며 지나갔다.

나는 미국에서 평소에 하던 대로 그냥 "Hi"(하이)하며 지나갔는데 그들도 "Hi"하며 지나가는 것이 아닌가?

그 순간 머릿속에 '아! 저 사람들은 영어를 아는가 보다' 하는 생각이 스쳤다.

그래서 다시 한번 더 "Hello"(헬로우) 했더니, 그들도 "Hello" 하는 것이 아닌가?

영어를 아느냐고 물었더니, 유창한 영어로 "그렇다"고 대답했다. 잠시 물어볼 것이 있는데 괜찮으냐 물으니 시간이 많다고 했다. 내 문제를 자초지종 얘기했다.

그들은 "네가 기다리고 있는 그곳 바로 앞에 국제 전화실이 있으니 8시가 되면 그곳에 가보라"고 하며 아주 친절히 알려 주고 갔다. 우리가 짐을 잔뜩 가지고 앉아 있는 것을 자기들도 보았다는 것이다. 성령님의 역사였을 것이다.

아내에게 와서 자초지종을 얘기해 줬더니 몹시 기뻐했다. 공항에서 전화할 때 전화를 해주던 사람의 말이 생각났다. "아무도 전화를 받지 않는다"라는 말이었다. 그것이 밤 한 시경이었으니, 혹시 잠자고 있었을지도 모른다고 생각했다. 그래서 미국 다시 들어가기 전,

한 번 더 그 번호로 전화해 보고 가야겠다는 생각이 들었다.

그런데 8시에 나온다던 직원들은 9시가 되어 한 사람씩 나오기 시작했다.

직원들이 나왔기로, 기뻐서 그 앞에서 기다려 섰는데 갑자기 어떤 여자가 오더니 내 앞에 서는 것이다. 뭐라고 한마디 할까 하려다가, 현지인들과는 절대로 다투지 말고 양보하라던 말이 생각났다. 이왕 봉사 왔으니 인내하며 양보하고 기다리려고 양보했는데, 갑자기 또 누가 나타나더니 또 끼어들고 해서, 삽시간에 나는 저 뒤로 밀려나고…

내 앞에 서 있는 사람이 한 열 명가량으로 늘었다. 그러나 그때까지 9시간 기다렸던 것을 생각하면 아무것도 아니었다. 그렇게 계속 서 있었는데, 사무실에서 한 사람이 나오더니 제일 뒤에 서 있는 나에게 따라오라고 손짓하는 것이다.

외국 사람으로 어리어리한 내 모습을 보았던 것일까?

그는 내가 뒤로 밀려나는 것을 보았다고 하면서, 무얼 도와줄 것이냐고 묻기에 전화번호를 주며 아무 목사님이신데 찾아봐 줄 수 있겠느냐고 물었다. 그는 흔쾌히 그러겠다고 했다. 그가 전화를 거니 즉시 전화가 걸렸다는 것이다.

순간 내 기쁨은 얼마나 컸는지!

전화에는 어떤 여자 목소리가 들렸다. "나는 미국에서 목사님 초청으로 의료 선교하려고 온 Dr. Kim인데 나를 아느냐"라고 했더니 모른다는 것이다.

"그럼 아무아무 목사댁이 맞느냐" 했더니 "그렇다"라고 했다.

그 목사가 있느냐고 물으니 지금 자고 있다는 것이다.

'나는 미국에서 그의 초청으로 온 Dr. Kim'이라고 했다.

한참 만에 남자 목소리가 들렸다. 어찌나 반가웠던지 …

지금 내가 하이데라바드공항에 와있다고 했더니, 어떻게 벌써 왔느냐고 하며 내일 올 것으로 알고 있었다고 했다.

그 말을 듣는 순간, 화가 치밀었다. 하지만 꾹 참고, 잘못 안 것 같다고만 했다. 그는 곧 가겠다고 하며 전화를 끊었다.

아내에게 가서, 전화 연락이 돼서 곧 마중 나올 것이라고 한다고 했더니, 기뻐하며 어서 속히 밖에 나가 기다리자며 나를 재촉했다.

다시 그 많은 짐을 끌고 공항 밖에 나가 기다렸다. 곧 오겠다던 그는 한시간 반 후에 나타났다. 그것이 인도의 시간 개념이었다.

어느 사람을 탓할 수 없는, 내가 만난 인도 사람들의 시간 인식이었다. 우리 내외는 항상 약속 시각보다 15분 먼저 나가 기다리는 습관이 있었는데, 그들은 하나같이 한두 시간 후에 나타났다. 그러면서도 미안하다는 말은 단 한 번도 들어본 적이 없었다.

선교는 인내심의 훈련인 것 같다.

첫 바부다 의료 선교에서부터 하나님이 연단시켜온 것이 바로 이 인내심이 아니었던가?

한참 기다리고 있는데, 드디어 한 사람이 나타났다.

그는 내가 만난 인도 목사의 아들이었고, 후에 알고 보니 그도 목사였다. 그렇게 실수하고 또 늦장 부리며 왔어도 역시나 미안하다는 말은 한마디도 없었다. 그의 집까지 약 20분 걸렸다. 그 집에서 잠시 쉬었다가, 그럭저럭 기차 시간이 돼서 그 많은 짐을 다 가지고 기차역으로 갔다. 초행길이라 한 고아 소년을 딸려 보내며 우리를 살펴주라고 했다.

하이데라바드에서 출발해 종착역까지 12시간 걸렸다. 다시 버스를 타고 4시간 가서 우리 의료 선교 목적지인 아마라푸람(Amalapuram)에 도착했다. 버스 타고 가는 도중 창문 밖을 보니 그 새벽에 많은 사람이 시냇물 양옆에 줄줄이 앉아 있었다. 나중에 그들이 아침 용변을 보고 있었다는 것을 알게 되었다. 후에 보니 같은 물에 물소들이 떼를 지어 다니고 있었고, 그 물에 채소를 씻는 사람도 있었고, 양치질에, 세수하는 사람도 봤다.

우리 선교지인 아마라푸람(Amalapuram)은 고다바리강(Godavari River) 끝에 있는 삼각지 유역에 자리 잡은 곡창 지대였다. 야자수 나무밭이 많다는 느낌이 들었다. 벵골만(Bay of Bengal)을 끼고 있는, 인도 동남부에 있는 도시였다. 기후는 여느 인도 지역과 마찬가지로 6개월은 비 오고 끈끈하고 후덥지근하고, 6개월은 비가 없고 후덥지근하고 끈끈하다고 했다. 언어는 텔루구어(Telugu language)를 썼는데, 인도에는 힌디어 말고도 200여 가지 언어가 있다고 하며, 배운 사람들은 영어로 서로 통한다고 했다. 많이 쓰는 언어는 약 20가지로, 그중 하나가 텔루구어인데 약 천만 명이 사용한다고 했다.

도착하자마자 나는 곧 텔루구어를 배우기 시작했다. 청력 검사할 때 꼭 필요하기 때문이다.

목적지에 도착하니 아침 8시였다. 짐을 푼 곳은 미국에서 만났던 목사님의 동생의 사택이었는데, 그도 천 명의 성도를 섬기는 목사였다. 아주 인상 좋고 예의 바르고 겸손했다. 반갑게 만나 사모님과 함께 아침 식사를 했다. 제일 먼저 놀란 것이 그들은 모두 다 오른손으로 음식을 먹는다는 사실이었다.

우리 내외에게는 따로 샌드위치를 만들어 줬다. 그곳 음식은 거의 카레였다. 닭고기 카레, 돼지고기 카레, 채소 카레, 달걀 카레, 카레 카레였다.

식사 후, 목사님이 그날은 쉬고 다음 날부터 환자를 보면 어떻겠냐고 했다. 그것도 그럴 것이 우리 내외가 미국을 떠난 지 56시간 이상 걸렸고, 오면서 잠도 제대로 자지 못했고, 긴장된 가운데 미지의 세계로 오는 길은 절대 평탄치 않았기 때문이다.

하지만, 그런 중에도 우여곡절 끝에 드디어 목적지에 도착했다는 사실이 내 피곤함을 잊게 했다. 아마 엔도르핀이 많이 생겼던 모양이다. 아내도 마찬가지 기분이었다. 흥분된 마음으로 잠이 올 것 같지 않았다. 그래서 나는 그곳에 온 목적이 의료 선교이고 잠자러 온 것이 아니니, 당장 일할 곳에 보내 달라고 했다. 드디어 목적지인 병원으로 안내 되었다.

병원에는 남자 의사와 여의사, 또 간호사도 여럿 되었고 입원 환자들도 십여 명 됐다. 내가 환자를 보는 동안, 두 의사가 내 양옆에 앉아 있으면서 통역을 맡았다. 한 사람만 있어도 된다고 했더니 미국에서 하는 의술을 배우고 싶다고 옆에 있게 해달라고 하기에 쾌히 승낙하고, 매일 가르치며 함께 일했다. 감별 진단, 치료 및 예후에 관해 상세히 아는 대로 가르치며 선교했다. 그도 그럴 것이 그들은 이미 내 이력서를 봐서 내가 시애틀에 있는 워싱턴대학교 의과대학 임상 조교수(Clinical Assistant Professor)라는 사실을 잘 알고 있었다.

그들은 아주 예의 바르고 명철하고 친절한 의사들이었고 끝날 무렵 많이 배웠다는 인사도 잊지 않았다. 하긴 한 달 동안 최고 레지던트 수련을 받은 셈이다. 함께 생활하는 동안 우리는 매우 친해졌다.

아내는 가지고 간 크로마하프로 입원 환자들에게 찬송가를 가르쳤고, 전도하며 즐겁게 자신의 선교를 펼쳤다.

환자 중 많은 사람이 귓병을 앓는 것을 보았고, 갖고 간 약들이 아주 썩 잘 들어서 천만다행이었다. 최고의 고가 항생제들이었으니 잘 들었을 것이지만, 성령님의 도움으로 치유가 잘 되었다고 본다.

그렇게 첫날 병원 진료를 마치고 집에 돌아와 저녁 식사를 하고 또 고아원에 가서 수십 명의 고아를 진료했다. 현지 목사님은 목사관 바로 옆에 한 고아원을 경영했는데, 고아 약 500명가량 수용돼 있었다. 아내와 고아원장과 함께 고아들을 열심히 진찰했다. 그들은 하나같이 옴(scabies)을 갖고 있었고, 머리에는 이가 득실거렸다. 함께 살다 보니 어쩔 수 없는 결과인 것이다.

이런 문제를 해결하려면 한두 명 치료해서는 안 되고, 500명 다 한꺼번에 치료해야 하는 원칙이 있는지라 내가 손대기에는 너무 큰일이어서 속수무책이었다.

일을 다 마치니 밤 9시가 됐다. 집으로 와서 샤워하고 누우니 밤 10시가 됐다. 집을 나선 지 거의 72시간 만에 다리를 펴고 누워있으니 살 것 같았다. 거의 3일 동안 제대로 된 잠을 자지 못했다.

그날 밤 얼마나 단잠을 잤던지, 하루 만에 시차가 완전히 해결되어 얼마나 감사했던지!

다음 날 아침, 아내는 그 전날 본 아이들이 하나같이 머리에 이를 가진 것을 알고, 갖고 간 선교용 이발 도구로 아이들의 머리를 매일 10명씩 깎아 줬다. 너무 잘 깎아 주니 구경하던 목사님도 깎아 달라고 했다. 그리고는 떠나기 전, 한 번 더 깎아 달라고 했다.

미국 떠나기 전 우리 아이들 넷이 선교 헌금을 줬다. 그것으로 무슨 보람된 일을 할까 생각 중이었는데, 마침 보육원에 아이들 운동기구가 없다는 것을 발견했다. 축구공, 배구공, 야구공, 야구 글러브, 야구 방망이 등을 여러 개 사서 고아들에게 주라고 사모님께 전했다.

하루는 병원에서 일하다 말고 두 의사가 나더러 잠깐 밖에 나가 있으라고 했다. 도기 때문이라고 했다. 한 10분 후에 다시 들어와 보니 글쎄 죽은 모기가 방바닥에 거의 1센티가량 쌓여 있었다.

얼마나 환자 진료에만 몰두했는지 그런 것을 모르고 지낼 수 있게 해주신 하나님께 감사했다.

내가 본 환자 중에는 귓병이 많았다. 그 외에 축농증, 피부병, 위장병 등 다양했고 그 어느 곳에나 있는 병들이었다.

그런데 고막이 상한 환자들이 뜻밖에 많다고 느껴졌다. 그들 모두 간단한 수술로 해결될 수 있는데, 안타까운 마음이 들었다. 비만증 환자는 단 한 명도 없었고 오히려 영양실조인 아이들이 간혹 보였다. 그 아이들에게 필요한 것은 약이 아니라 먹을 것이라서, 내가 해결할 수 없었다.

그러던 어느 날, 그날도 병원에 가서 온종일 환자를 보며 두 의사에게는 가르치고, 아내는 크로마하프로 일원 환자들에게 영어로 찬송가를 가르쳤다. 저녁이 되어 숙소로 와서 저녁을 먹고 여느 때와 같이 곧바로 바로 옆에 있는 고아원으로 향했다.

한참 열심히 고아들을 일일이 진료하고 있는데, 운전기사가 와서 당장 그만두고 집으로 가야 한다고 했다. 싸이클론이 오고 있다는 것이다. 사이클론이 뭐냐고 했더니 태풍이란다. 태풍을 동양에서는 태풍(Typhoon), 미국에서는 허리케인(Hurricane), 유럽에서는 싸이클론

(Cyclon)이라고 한단다.

　나는 태풍이라는 말에 노이로제에 걸려 있어서 깜짝 놀랐다. 운전기사는 어서 속히 목사댁으로 피해야지, 여기는 위험하다고 했다. 아니나 다를까, 차를 타자마자 천둥 번개가 치더니 굵은 빗줄기가 내려치기 시작하더니 삽시간에 온 천지가 물 바다가 돼버렸다.

　가까스로 목사관 우리 방(우리 내외의 숙소는 조그마한 창문이 하나 있는 이 층 한 아주 작은 방)에 들어섰는데, 갑자기 불어 닥치는 센 바람에 유리창은 다 깨져버리고 아래 위층 할 것 없이 전부 물 바다가 돼버린 것이다. 다행히도 약 가방이 있는 내 방만은 물 한 방울 들어오지 않아 약은 다 구할 수 있었다. 하나님께 또 감사 기도를 드렸다.

　싸이클론은 3시간 만에 종료됐다. 후에 들으니 그 사이클론으로 총 5000명이 사망했다고 했다. 조업하던 어부들이 모두 조난 당했다는 것이다.

　다음날 밖에 나가 봤더니 거리는 무너진 가로수로 완전히 덮였고 전깃줄은 다 끊어져 거미줄같이 엉켰으며 … 시냇물에는 죽은 가축들이 여기저기 떠 있었다.

　아말라푸람에도 이재민이 많이 생겨 제일 먼저 식량 문제가 발생했다. 그래서 목사님의 지도로 여럿이 목사 사택에 모여 카레라이스를 잔뜩 만들어 동네에 나눠주는 모습을 봤다. 나도 동참하는 뜻에서 자녀들이 준 나머지 선교헌금을 모두 목사님에게 전달하며 음식 만드는 데 써달라고 했다.

　그렇게 한 달을 그곳에서 머물면서 나는 시험에 빠졌다. 이번이 내 의료 선교 3번째인데, '왜 내가 가는 곳마다 매번 태풍이 오는가' 하는 것이었다.

그것도 도착하자마자 생겼는데 왜 그럴까?

혹시, 하나님께서 내 의료 봉사를 기뻐하지 않으시는 것은 아닌지?

혹시, 내가 "요나"가 아닌가 하는 의심이 생겼다.

태풍 후 다음 날, 하이데라바드에서 나를 초청한 목사 사모가 왔다. 내가 그에게 물었다.

"하이데라바드에 가거든 당신 남편에게 물어봐라. 내가 요나인가?"

그랬더니 물어볼 것도 없다며, 즉시 대답하기를 "아니지. 너는 '요나가 아니고 에스더'"라고 말했다.

저녁때가 되니 그의 아들이 왔다고 했다. 바로 며칠 전날 비행장에서 기다리게 했던 그 사람이었다. 그에게도 같은 질문을 했다. 그도 똑같은 대답을 했다. '요나가 아니고 에스더'라는 것이다.

그래도 나는 "네가 뭘 알아, 네 아버지에게 물어보라"고 했고, 그러겠다고 했다.

내가 인도 선교를 마치는 끝날까지 이 질문이 마음속에 맴돌았다. 선교를 다 마치고 하이데라바드를 거쳐 미국으로 와야 하므로, 나를 처음에 초청한 목사 집에서 비행기 시간을 기다리며 목사님에게 꼭 같은 질문을 했다. 그런데 그도 똑같은 대답을 했다.

그래서 내가 '당신 모두가 다 입을 모은 것이지' 하고 웃으며 말했더니, 그는 정색하면서 이 질문은 지금 처음 듣는다고 했다.

나는 '아, 하나님께서 세 입을 통해 나에게 말씀하시는 줄 알고 그대로 받아들이겠다' 하고 기도했다.

도망가다 태풍을 만난 요나가 아니라, 하만을 더적하고 민족을 구하기 위해 미리 준비된 에스더라는 것이다. '태풍을 미리 준비해서 현지인들을 돌보라고 나를 보냈다'라고 생각하라는 것이다.

나는 가는 곳마다 태풍이 오니 이제 선교를 그만하고 그 인도 의료 선교가 마지막이 되지 않을까 생각했는데, 그것이 아니라니 매우 안심하고 선교를 계속할 수 있게 됐다. 사실 그 사모님은 미국에서 정규 신학교를 나온 전도사였고, 그의 아들도 미국에서 정규 신학교를 나와 현재 아버지와 함께 4000명 교회를 섬기는 목사였다. 결국, 세 신학자로부터 꼭 같은 답을 얻은 것이니 정답이었을 것이다. 내 기도에 응답해 주신 주님께 감사했다.

그렇게 인도 의료 선교를 마치고 다음에 또 오라고 해서, 혹시 이번에 본 많은 귀앓이 환자를 위해 다음에는 귀 수술을 해 줄 수도 있겠다고 생각하며 인도를 떠났다.

제2차 인도 의료 선교
(1998.1.12-2.12)

인도에서 또 와 달라고 해서, 일 년 후에 다시 방문했다.

지난번에 많은 귓병 환자를 보았기에, 이번에는 귀 수술 기구들을 잔뜩 갖고 갔다. 그 병원에는 아주 오래된 수술 현미경이 하나 있었고, 마취 의사도 실비로 초청해서 거의 30여 명에게 귀 수술을 해 줬다. 그 도시 한 고관의 부인도 수술 받고 갔다. 후에 들으니 그 고관이 자기 아내를 큰 도시에 보내 귀 수술 받게 하려고 했는데, 제 발로 걸어들어온 귀 전문의를 두고 어디 가겠느냐고 하며 내게 보냈다는 것이다. 그 병원에서 그런 귀한 환자는 처음이라고 했다. 왜냐하면, 그 병원은 극빈자들을 위한 자선 병원이었기 때문이다.

수술 간호사는 아주 민첩하고 현명하여 내가 시키는 모든 주의 사항을 잘 지켜 무사히 수술할 수 있었다. 하나님의 도움으로, 후유증이 생긴 환자는 단 한 명도 없었고, 수술 후 병원에서 하룻밤을 지내고 다음 날 아침에 모두 퇴원했다.

귀 수술 결과는 최소 3개월은 기다려 봐야 하므로, 현지인 의사 둘에게 무엇을 관찰해야 하는지 가르쳐 주고 떠났다. 그 후 무슨 후유증이 생겼다는 소식은 없었다. 하나님께 감사했다.

　나는 '잘 낫게 해주십사'고 계속 기도에만 힘썼다. 실제로 내가 환자의 상처를 낫게 할 수는 없다. '낫게 하는 분은 오직 한 분, 전능하신 우리 주님, 하나님뿐'이시라는 사실을 평생 잊은 적이 없다.

　수술은 항상 오전에 했고, 오후에는 예나 다름없이 매일 현지인 의사 두 명과 함께 찾아오는 환자들을 진료했다. 수술이 없는 날에는 하루에 100명의 진료를 본 적도 있었다.

　어느 날, 목사님이 자기들이 경영하는 한 나병환자들의 수용소로 가보자고 했다. 멀리 길에 서서 그들을 보며 우리에게 그곳을 설명해 줬다. 갑자기 내 마음에 '저 사람들이 얼마나 외로울까' 싶어서 그 수용소에 들어가 손이라도 만져 주고 싶었다.

　"들어가도 되겠냐"고 물으니 "전염되기 때문에 절대로 안 된다"는 것이다. 나에게는 벌써 한센병 면역이 이미 생겨 있어서 문제없다고 했는데도 안 된다고 했다.

　의과대학 시절, 우리 대학병원에 나병환자들을 특별히 진료하는 부서가 있어서 환자들과 접촉하려면 나병 면역(Lepromin) 검사를 받아야만 했다. 나는 양성으로 나와서 아무 거리낌 없이 그들을 검진할 수 있었다. 아마 6.25 전쟁 중에 피난 갔던 거제도에는 나병환자들이 많아서 모르는 사이에 면역이 생긴 것 같았다.

　그들의 만류를 뿌리치고 그 수용소로 들어가서 나병환자들의 손을 잡아 주고, 안아 주고, 몇 마디 대화를 나누었다. 그들은 내 손을 꼭 잡으며 기뻐했다.

　다시 나와서 목사 일행에게 말했다. 한센병은 불치의 병이 아니며, 완치되는 약이 있고 값이 싸니 꼭 보건소에 알아봐서 치료에 임하면 좋겠다고 하고 그곳을 떠났다.

그곳에 있는 동안, 동네 의사들이 나를 초청해서 내 얘기를 듣고 싶어 했다. 의사끼리는 말이 잘 통하는 법이라 우리는 금세 친해졌다. 내가 그들의 생업에 지장을 주지는 않았는지, 혹은 그들의 명성에 해를 끼치지 않았는지 궁금했는데, 하나같이 그런 일은 없다고 해서 안심했다. 하나님께 또 감사했다.

내가 진료한 환자들은 거의 모두가 극빈자들이라 그들의 생계에는 별 영향이 없다고 했다. 그중 한 의사가 자기가 경영하는 코코넛 농장에 우리 내외를 초청해 주었다. 다음 주말 그곳에 가봤는데 넓은 농장에 질서 정연하게 서 있는 코코넛 나무가 참 인상적이었다. 나무에서 직접 따온 코코넛 속에 있는 물을 마셔봤는데, 기대했던 맛은 아니었다.

주일마다 우리 내외는 초청한 목사님이 담임하는 교회에서 함께 예배를 드렸다. 예배를 마치면 성도 중에 아픈 사람들이 우리 내외에게 다가와서 환부에 우리의 손을 갖다 대며 축복 기도해 달라고 했다. 그들은 외국인 손님이 오면 항상 그렇게 한다고 했다. 우리 내외는 한국말로 일일이 기도해 주었다. 한 이삼십 명쯤 됐다.

그곳을 떠나는 마지막 주일, 목사님 내외분이 나에게는 인도 전통 바지 저고리를 입어보라며 주고, 아내에게는 인도 사리를 준비해서 입고 교회에 가자고 했다. 나를 위해서는 간단한 인도 홑바지 저고리가, 아내에게는 특별한 사리(Saree, 인도·네팔·스리랑카·방글라데시·파키스탄 등 남아시아 지역의 여성이 착용하는 의상)가 준비돼 있었다. 짙은 녹색에 자주색으로 장식된 사리인데 금술로 모서리를 장식한, 그야말로 고급 사리였다. 사모님과 도우미가 옷을 입혀 줬는데 화려하고 멋있었다.

교회에 가니 다른 사람들은 거의 모두가 흰색 사리를 입고 있어, 내 아내는 아주 완벽히 돋보였다. 그날따라 예배 후 평소에 비해 세 배나 넘는 환자들이 아내에게 다가와 자신의 환부에 아내 손을 갖다 대며 축복 기도를 원해서 아내가 한국말로 열심히 기도해 줬다. 한 오십여 명은 되는 듯했으나, 그들의 갈급한 마음을 달래기 위해서 인내하며 끝까지 다 기도해 줬다.

모든 일정을 무사히 마치고 귀국길에 나섰다.

그런데 공항 출입국관리소에서 문제가 생겼다. 인도 공항에서 출국 수속을 밟던 중, 아내는 즉시 나갔는데 나는 따로 세워 놓았다. 모든 사람이 다 나갔는데 왜 나를 끝까지 괴롭혔는지 지금도 알 수 없다. 그들은 나를 위아래로 연거푸 쳐다보며 내 여권을 이리저리 보며 현미경 같은 것으로 검사하며 뭐라고 자기들끼리 떠들어댔다. 내 여권은 미국 여권이었다.

비행기 이륙 시간 직전까지 나를 묶어 두었다가, 결국 통과시켜 줬다. 그러나 그 일이 있고 난 뒤 일종의 위협을 느껴, 그 후 여러 번 초청이 왔으나, 다시는 인도에 가고 싶은 마음이 없어졌다.

강원도 태백 의료 선교

(1997.3.31-4.30)

제3세계 의료 선교(The Third World Medical Mission)를 하자니 항상 생명의 위험을 인식하게 됐다. 벌써 두번이나 비행기 사고로 죽을 뻔 했고, 태풍도 세 번이나 간나 두려움 속에 있었기 때문이다. 제3세계 농어촌을 다니니 정비되지 않은 비포장도로와 버스 사고, 비위생적인 음식으로 인한 설사 및 전염병 등이 늘 관심사였다. 그래서 항상 선교지로 떠나기 전 책상을 정리하고 떠났다. 혹시 돌아오지 못할 것을 생각해서 유서도 한 장 써서 책상 위에 놓고 떠났다.

1996년 11월 인도 의트 선교를 떠나기 전에도 예전과 같이 책상을 정리했다. 한참을 정리하다 보니 우편엽서 같은 종이쪽지가 보였다. 무엇인가 봤더니, 아마 옛날 어떤 종교 잡지에서 뜯어낸 광고지인 것 같았다. 쪽지를 자세히 살펴보니 강원도 태백에 있는 복지회 회장인 최준만 목사님의 이름으로 의료 봉사를 원한다는 광고였다.

내 눈이 번쩍 뜨인 것은 말할 것도 없었다. 그러지 않아도 다음 선교지는 어디인지 매일 열심히 기도하고 있었기 때문에, 이런 광고는 그냥 넘어갈 수 없었다. 날짜를 보니 일 년 전 것이었다.

그래도 '믿져야 본전이지'라고 생각하고 그에게 편지를 보냈다. '지금이라도 괜찮다면 태백 의료 봉사를 자원하겠다'고 '모든 비용은 자비량'이라고 써 보냈다.

인도 선교를 갔다 와서 보니 태백에서 답장이 와있었다. 답장을 보낸 사람은 이정규 목사님이었다. 그동안 최 목사님은 사임하고 이 목사님이 대신 책임지고 있었다면서 나의 의료 선교를 원한다고 했다. 특히, 그곳에 있는 탄광 막장에서 일하는 노동자 중, 재가 진폐환자가 많으니 그들의 건강을 살펴달라는 내용이었다.

나는 즉시 답장을 보내 '내가 여기 있으니 나를 써주십사'라고 했다. 이 목사님도 좋게 여겨, 언제가 좋을지 논의했고, 다음해인 1997년 4월이 좋을듯하다고 결정지었다. 태백은 평생 가본 적도 없고, 가보리라 꿈꿔본 적도 없었다. 그래서 '이것이 하나님의 뜻인지 아닌지' 계속 기도하며 태백 선교 준비에 들어갔다. 그동안 조국을 외면하고 다른 나라에서 봉사했는데, 조국에서도 조금이나마 내 도움이 필요하다니 고맙고 아주 기쁘고 또 신났었다.

당시에는 시애틀에서 서울로, 다시 강릉으로 비행기가 연결됐다. 1997년 3월 31일, 드디어 종착지인 강릉에 도착하니 감회가 깊었다. 태백에서 이정규 목사님이 보낸 사람이 나를 기다리고 있었다. 그 차를 타고 태백으로 가는데, 평생 처음 가는 길이라 긴장이 되기도 했고 신기하기도 했다.

산마다 여기저기 붉게 물든 진달래꽃을 보니 어릴 때 우리집 과수원에서 지내던 생각이 났다. 옛날 노다지를 노리고 전국에서 모여든 기생이며 깡패며, 술집으로 그토록 붐볐다는 도계를 지나면서 보니, 이제는 모두 다 떠나고 조용한 마을로 되돌아간 듯했다.

땅은 석탄으로 인해 온통 검은색이었고 여기저기 쌓여있는 석탄 언덕을 보니 석탄촌에 온 것을 실감할 수 있었다. 석탄이 석유로 대체되면서 그렇게 많던 탄광이 다 문을 닫고, 사람들도 다 떠나고 잠잠해졌다고 했다. 그리고 보니 여기저기 버려진 빈집들이 보였다.

드디어 도착한 곳은 황지에 있는 태백 '안식의 집'이었다. 이 목사님은 우리 내외가 한 달간 지낼 방을 미리 준비해 두고 있었다. 아주 편하고 좋았다. 숙박비가 절약돼서 후에 그 값을 이 목사님에게 전하고 떠났다.

목사님은 받지 않겠다고 했으나, 우리 때문에 생긴 비용, 특히 매일 먹은 꽁치가 어찌나 맛있던지, 우리가 먹은 꽁칫값도 많이 들었을 것이고 아주 긴축된 살림살이에 갑자기 두 사람이 늘었으니 비용이 더 든 것이 분명했기 때문이었다. 또한, 선교하면서 다짐한 것은 절대로 그곳에 폐를 끼쳐서는 안 되고, 내가 쓴 것은 꼭 지급한다는 원칙이 있었기 때문이었다.

다음날 황지장로교회에서 의료 선교를 시작했다. 주로 석탄 광산 막장에서 일하던 노동자들이었는데, 난청 증상이 있어서 가지고 간 간이 청력 검사기로 아내가 청력 검사를 했다. 청력 검사를 하려면 조용한 방이 필요해, 지하실 방에서 하기로 했다. 방이 추웠지만, 아내는 불평하지 않고 온종일 청력 검사를 했다.

4월의 태백은 몹시 추웠다. 아직도 응달에는 눈이 쌓여있었다. 거기서 덜덜 떨며 온종일 청력 검사를 하던 아내는 급기야 감기에 걸리고 입술은 여기저기 터져 버렸다. 그래도 묵묵히 참고 견디며 불평 없이 매일 검사를 했다.

얼마나 고맙고 든든했던지!

명문 집안에서 태어나 고등교육을 받은 아내는 선교에 대한 열정이 만만치 않았다.

많은 사람이 소음성 난청이 있었다.

막장 환자들을 며칠 진료해 주고 나니, 이 목사님은 우리를 여기저기 시골 아주 작은 교회로 매일 이동하며 봉사하게 했다. 어떤 교회에서는 의료 선교 간증을 부탁해서 얘기를 나눴는데, 떠날 때 사례금을 줬다. 난 '모든 선교를 자비량으로 하며 간증은 내 사역 중의 하나'이므로 받을 수 없다고 했다. 그들은 그래도 받아야 한다고 하며 내 호주머니에 봉투를 넣어 주었다.

그러나 그곳을 떠날 때 그 봉투를 다시 주며 "나는 이미 다 받았으니 이웃에 어려운 사람을 도우세요"하며 떠났다. 후에 그 소문이 온통 퍼졌다고 들었다.

태백시에는 작은 동네가 많이 흩어져 있었다. 나는 가는 곳마다 우리 내외는 점심은 하지 않으니 우리를 위해 점심 준비는 안 해도 된다고 미리 알려 줬다. 그들에게 폐를 끼치고 싶지 않아서였다.

어느 날, 오전 진료를 마치고 점심시간이 돼서 그곳을 떠나 산책에 나섰는데, 그래도 그들은 그럴 수 없다며 닭을 잡고 해서 점심을 준비했던 모양이었다.

이런 소문이 퍼져서 다시 그런 수고를 하지 않게 하려면 이런 방법을 쓸 수밖에 없었는데, 그래도 그들은 계속 대접하고 싶어 했다. 끈끈한 우리 민족의 사랑이었다. 문 목사님은 그것이 한국 시골 문화이니 지나치게 사양하는 것은 바람직스럽지 못하다고 했다. 그래서 그 후로는 그들이 하자는 대로 따르기로 했다.

내가 그곳에 있는 동안 강원도 동노회가 어디선가 열리고 있어서, 하루는 목사님들과 장로님들이 다 떠나가고 우리 내외만 선교하게 됐다. 후에 들은 얘기로는 태백에서 간 목사님들과 장로님들이 내 얘기를 노회에서 했다는 것이었다. 그러면서 사례비를 받지 않고 폐가 된다며 점심도 안 먹고 … 뭐가 좀 다르다고 했다는 것이다.

이런 이야기를 삼척에 있는 문대식 목사님도 들었다. 그때 그는 강원동노회 총무였다고 했다. 어느 날 정선교회에서 선교하는데, 한 중년 신사가 귀여운 어린 여아를 안고 왔다. 진찰해 보니 내가 할 수 있는 것은 아무것도 없었다. 그래서 솔직히 말했더니 그 아버지도 꼭 같은 말을 여러 병원에서 들었다며 고맙다고 했다. 한가닥 희망을 품고 온 그를 그대로 보내자니 내 마음이 아주 아팠다.

급히 본교회 목사님을 찾아 그 여아를 위해 기도를 요청했다. 우리 모두 아이에게 손을 얹고 간절히 기도했다. 아버지도, 아이도, 우리 모두 울며 기도했다. 그 아이는 아이가 아니고 23살 난 처녀였다고 했다. 그 말에 내 마음은 더욱 아팠다. 내 의료 선교 중의 하나가 모든 환자에게 소망을 갖도록 노력하는 것인데 그렇게 보내는 내 마음이 매우 아팠고 그날 밤 그를 위해 간절히 기도했다.

그곳에는 만성 퇴행성 관절염 환자가 엄청 많았다. 갖고 간 진통제는 금방 동이 났고 후에는 내 약 가방 하나에 진통제만 잔뜩 갖고 다녔다. 특히, 모빅(Mobic, 새로 나온 진통제)은 인기가 너무 좋아서 즉시 동이 났다. 그 외 당뇨병, 위장병, 심혈관 질환 등 다양한 질병이 많았고, 특히 신경성 정신 질환이 많았다. 그들에게는 약보다 상담이 치료여서 평소 신경 정신과에 관심이 많았던 나에게는 아주 좋은 기회였다.

어떤 때는 목사 사모님들이 내가 다른 곳에 가면 그곳으로 찾아와서 상담 받고 가기도 했다. 물론 그들의 사생활을 위해 항상 단독으로 상담해 줬다. 어떤 때는 눈물 반, 상담 반으로 마음을 풀어주는데 심혈을 기울였다.

재미있는 것은 나를 시험하기 위해 왔다 간 사람도 있었으나 모두 다 감탄하고 갔다고 들었다. 자기들이 돈 들여 받았던 진단과 별로 차이가 없더라고 실토했다는 것이다.

어느 날 방송국에서 사람들이 나를 찾아왔다. 강원 MBC에서 내 소문을 듣고 PD 한 사람과 여러 사람이 내가 무슨 일을 하고 있는지 저녁 뉴스를 위해 취재하러 왔다고 했다. 그런데 취재하며 보니 이는 뉴스거리가 아니고 프로그램거리라고 생각했다는 것이다. 그래서 본사에 연락하여 승인을 받고, 다음 열흘 동안 우리를 줄곧 촬영하고 인터뷰하며 매일 열심히 따라다녔다. 내가 체류할 기간이 얼마 남지 않아서 그들은 매일 온종일 열심히 취재했다.

당시 태백시에 석탄박물관을 건립하고 있었는데, 그곳을 홍보하는 겸 우리 내외와 인터뷰하며 촬영하려고 들어가게 했다. 우리 내외가 그 박물관 최초의 방문객이 됐다고 들었다. 참으로 영광스러운 일이 아닐 수 없다.

촬영이 다 끝나고, 어느 날 밤 11시 프로그램으로 방영한다며 보라고 알려 주었다. 그러나 그날 밤 우리 내외는 온종일 일하고 와서 그대로 깊은 잠에 빠져 그 프로그램을 보지 못했다.

그런데 그날따라 삼척중앙교회 장로님들이 다 함께 철야 기도회를 마치고 집에 가서 텔레비전을 틀어보니 <고국에서 사랑을>이라는 특별 프로그램이 나오더라는 것이다. 이것을 본 그 교회 김석범 장로님이 즉시 문대식 목사님과 모든 장로에게 전화해서 모두가 시청했다는 것이다. 녹음도 했다고 했다.

문 목사님은 그러지 않아도 나에 대한 소문을 듣고 있던 차여서 유심히 그 프로그램을 다 봤다고 했다. 당시 삼척중앙교회에서는 노인대학을 운영하고 있었는데, 언젠가는 의사도 하나 초청하려고 생각 중이던 차에 내 프로그램을 시청한 것이다.

나를 적임자라고 생각한 문 목사님은 다음 날 다침 일찌기 태백 안식의 집 이정규 목사님에게 전화해, 나와 대화할 수 있게 해달라고 했다고 한다. 그날도 나는 열심히 계획된 대로 어떤 마을로 가서 진료 및 전도하고 안식의 집으로 돌아왔다. 나를 본 이 목사님이 문 목사님에게 전화하라고 했다. 나는 여기 태백에 선교 왔으니, 여기서 내 임무를 다 마치고 다음날 즉시 미국으로 귀국할 것이라고 딱 잘라 말했고, 전화도 하지 않았다.

드디어 마지막 날, 그곳 선교를 다 마치고 약 가방을 들고 녹초가 돼서 안식의 집으로 왔다. 내일이면 떠나는, 마지막 저녁이었다. 그 맛있는 꽁치도 마지막으로 먹어보며 안식의 집 무의탁 노인들과 마지막 식사를 함께하고 떠나려고 했다.

그랬는데 거기에 문 목사님과 부목사님이 벌써 와서 우리를 기다리고 있었다. 우리 내외 더러 자기 차에 타라는 것이다. 우리는 온종일 일하고 와서, 배고파서 식사도 해야 하고, 다음날 미국 가는 비행기를 타야 한다고 대답했다.

그랬더니 저녁을 대접하겠다고 하며 비행기 표는 새로 사주면 되지 않겠느냐고 했다. 막무가내였다. 이 광경을 본 이정규 목사님은 문 목사가 하자는 대로 따르라고 했다.

그다음 날 바로 삼척중앙교회 노인대학에서 건강에 관해 강의해 달라고 했다. 그래서 우리는 그들과 작별하고 그날 밤 삼척으로 와서 다음날 노인 대학에서 건강을 주제로 강의했다. 또 문 목사님이 본보기 진료를 부탁해서 목사님 집무실에 짐을 다시 풀고 그 교회 성도 몇 명을 진료했다. 그들 중 한 젊은 여성의 성대에 좁쌀만 한 작은 종양이 발견되어 곧 이비인후과 병원에 가서 수술 받으라고 권면해 줬다. 악성은 아닌듯하나 혹시 모르니 곧 가라고 했다.

후에 들으니 내 진단과 똑같더라며 내 소문이 그 교회에 퍼졌다고 했다. 그 여성은 바로 내 텔레비전 프로그램을 처음 보고 모두에게 알린 장로님의 며느리였다.

모든 일정을 다 마친 후, 문 목사님은 우리를 자기 차에 태워 직접 운전해서 삼척에서 김포국제공항까지 데려다 주며 비행기를 탑승할 때까지 일일이 챙겨 주었다. 그의 집념과 정성과 사랑에 나는 그저 감탄할 따름이었다.

그렇게 시작된 인연은 강원도 농어촌 의료 선교를 시작하게 된 동기가 되었다. 문대식 목사님은 그 후 강원동노회 노회장까지 지내면서 나를 많이 홍보하여 매년 강원도 농어촌 여기저기를 거의 다 방문하며 의료 선교를 펼칠 수 있게 주선해 주셨다.

문 목사님께 얼마나 감사한지 말로 표현할 수 없다. 강원도를 내 몸과 같이 사랑하며 아껴 전도하고 싶어 하는 문 목사님과 고국에서 의료 선교하고 싶어 하는 내 마음이 찰떡궁합으로 맞았던 것이라 하겠다.

여러 해 후에 우즈베키스탄 타슈켄트 선교를 마지막으로, 세계 의료 선교를 한국 의료 선교로 완전히 바꾼 계기가 된 것이다. 결국, 내 마지막 의료 선교도 문 목사님과 상의한 후 삼척에서 끝을 맺게 되었으니 모든 것을 돌이켜 보면, 모두 하나님의 역사요 섭리였음을 고백할 수밖에 없다.

강원도는 매년 센 바람이 태백산맥에서 불어 닥쳐 농작물을 훼손하는 등 강풍이 자주 불었다. 그래서인지 농어촌 사람 중에는 산신령을 믿는 사람들이 의외로 많았다.

어느 날 아침에 일어나니 세찬 바람이 불었다. 둘러보니 벼가 다 누워 있었고 지붕이 날아간 집도 보였다. 그들이 산신령을 믿는 이유를 알 수 있었다. 그래서 무당들이 성했는데, 태백 산골에는 무당들이 모여 사는 당골이라는 곳도 있었다고 한다. 박정희 대통령이 잘한 것 중 하나가 이곳 태백산 중턱에 자리 잡은 당골을 폐쇄하고 무당들을 모조리 쫓아낸 것이라고 들었다.

'등잔 밑이 어둡다'고 우리나라에도 전도 대상이 의외로 많다는 것을 알았다. 의료 선교의 목적이 전도니, 본교회 성도들은 좀 자제해 달라고 해서 물론 많이 오지 않았다. 그런데 몇 년 지나며 보니 성도들의 불만이 생겼다고 했다. '왜 우리는 봐주지 않느냐'고 해서 마지막 몇 해 동안에는 그 어느 사람도 다 원하는 대로 성실히 진료해 줬다. 그들이 하나같이 좋아한 것은 나의 설명이었다고 한다. 나는 그들의 병명을 상세히 설명해 줬고, 왜 그런 치료가 필요한지를 가르쳤고, 앞으로 어떻게 병이 진행될 것인가를 상세히 설명해 주었더니 모든 사람이 만족하며 많이 좋아했다. 기다리다 돌아간 환자들이 내가 다른 지역으로 옮길 때 따라왔다는 얘기도 들었다.

강원도 여러 곳에서 십여 년 동안 환자 진료를 했는데, 아무 의료 사고도 없었고 무슨 잡음이나 불평이 없었던 것은 오직 성령님이 늘 함께하셨고 지켜 보호해 주신 결과라 믿어 의심치 않는다.

　매일 아침 도우미들과 함께 큐티로 시작해서 영적 무장을 할 수 있었다. 또 매일 선교를 마치면 본교회 목사님을 모셔와서 기도로 마감했다.

　결국, 강원도 의료 선교가 나의 세계 의료 선교의 마지막 선교지였다. 문대식 목사님은 마지막 날 마지막 순간까지 함께했으며 나의 의료 선교를 지켜보며 협조해 주었다. 삼척에서 멀리 떨어진 곳에서 선교하면 그곳까지 찾아와 무슨 애로가 있는지 살피는 것을 단 한 번도 잊지 않았다. 얼마나 고마운 목사님인지 누가 뭐라 해도 나는 그 은혜를 평생 잊을 수 없다. 그와 작별한 것은 2015년이었다. 1997년 태백에서 시작해서 삼척중앙교회에서 끝마친 것이다.

　황지교회 사무엘 목사님은 황지에 관해 설명해 주었다. 전설에 의하면 원래 그곳은 평지였는데 황부자가 살고 있었다고 한다. 어느 날 한 스님이 시주하러 왔는데, 황부자가 헛간에서 거름을 한 삽 퍼서 던지며 이거나 먹으라고 했다는 것이다. 이것을 본 며느리가 얼른 그 스님을 따라가 사죄하고 쌀과 온갖 음식을 시주하며 용서해 달라고 했다. 그랬더니 그 스님이 하는 말이 '이 집 운이 다했으니 어서 속히 이 집을 떠나 저 앞산으로 즉시 가라'고 했다는 것이다.

　그러면서 스님은 절대로 뒤를 돌아보지 말라고 했단다. 며느리는 아이를 업은 채로 즉시 그 집을 떠나 산으로 달려갔는데, 갑자기 뒤에서 천둥 같은 괴성이 들려서 자기도 모르게 뒤를 돌아보고 말았다. 그 순간 그 여자와 등에 업은 아이는 돌 바위로 변했다는 전설을 들려 줬다.

산을 쳐다보니 산등성에 아이를 업은 모습을 한 엄마와 같은 바위가 보였다. 그와 동시에 그 황부자의 집과 그 주위는 몽땅 땅 밑으로 꺼지고 그곳에 연못이 생겼는데, 그것이 황지가 됐다고 한다. 황지는 항상 물이 솟아나고 있는데, 낙동강 시작이라고 했다. 황지는 황지교회 근처에 있었는데 아주 깨끗한 물이 계속 쏟고 있었다. 이 전설은 성경에 나오는 소돔과 고모라와 롯의 아내를 연상케 했다.

어느 주일, 예배를 마친 후 사무엘 목사님이 태백산에 한 번 올라가보라고 해서 아내와 함께 올라갔는데 산꼭대기에 주목이 여기저기 우뚝 서 있었다. 살아서 천년, 죽어서 천 년이라는 이 나무들은 희고 돋보여 죽어서도 정말 우아하게 보였다. 산 정상에서 북녘을 바라보니 내 고향 성진 생각이 났다. 이산가족인 나는 '언젠가는 내 고향에 가서 의료 선교를 하게 해 주십사'고 기도했다.

[삼척중앙교회 도우미들]
여러 해 동안 매년 3-4일씩 헌신하신 사모님, 선생님, 집사님들

[강원도 최북단에 위치한 고성군, 대진교회 입구에서 도우미들과 함께]
통일전망대에서 아주 가까운 동네. 몇 년 후 이 교회에서
또 초청이 와서 한 번 더 의료 봉사했다.

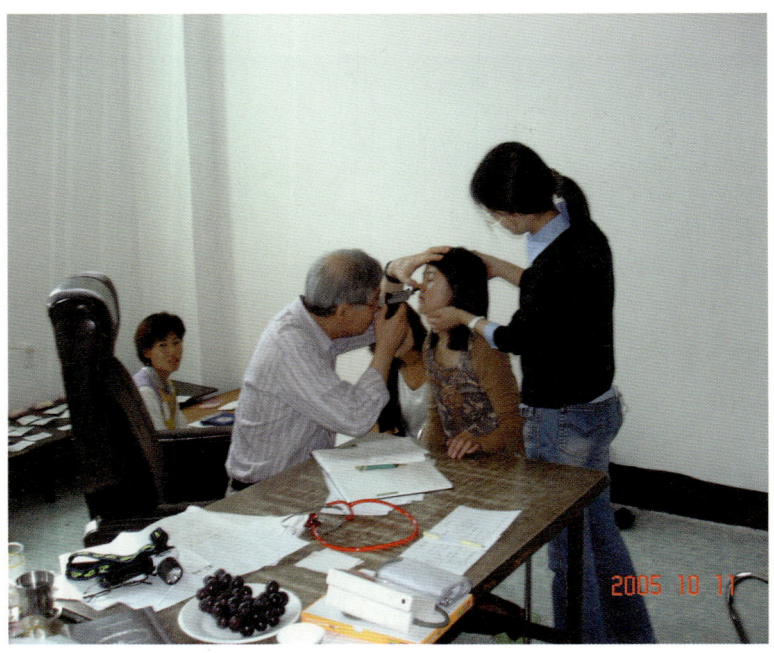

[충청북도 생극면, 제일교회 교육관에서 진료하는 모습]
예정된 강원도 선교를 다 마친 후, 삼척중앙교회 한 집사님이 자기 동생이 사역하는 교회에서도 봉사해 달라고 해서 출국 날짜를 며칠 연기하고 기쁨으로 연장 선교했던 곳.

제8장 강원도 태백 의료 선교 89

[강원도 삼척시청에서 삼척시장의 초청으로 공무원들에게 건강 특강]

[삼척중앙교회에서 간증 설교]
강원도와 울릉도에서는 가는 교회마다 수요예배나 주일 찬양예배 때
간증 설교를 거의 빠짐없이 했다.

소련 및 몰도바 의료 선교

1. 소련 의료 선교 (1998.5.3-5.13)

소련 상트페테르부르크(옛날, 레닌그라드)에서 한 한인 선교사가 내 소문을 듣고 나를 초청했다. 우리 내외는 기쁜 마음으로 그곳으로 갔다.

입국 수속을 마치고 짐 검사를 하는데, 나는 여느 때와 다름 없이 의약품으로 가득 채운 여러 개의 큰 여행 가방을 갖고 있었다. 세관을 통과하는데 내 짐이 통과하는 순간, 어떤 미모의 여성이 짐을 검사하는 세관에게 다가와 말을 걸었고, 그들이 서로 재미나게 대화하는 동안 내 짐들은 그대로 통과되었다. 하필이면 그 미모의 여성이 바로 그 순간에 느닷없이 나타나 그 세관원의 눈을 돌리게 했는지 신기하기만 했다. 성령님의 역사임에 틀림이 없었다.

공항을 나서니 선교사님과 여러 한인 성도가 마중나와 있었다. 여러 개의 약품 가방을 보더니, 선교사님과 성도들이 이구동성으로 "어떻게 그 많은 약품이 무사 통과됐느냐"라고 하며 신기하다고 했다.

그 선교사의 말에 의하면 소련에서는 모든 약품은 다소를 막론하고 전부 압수 당한다고 했다. 그런데 8개의 가방에 가득한 그 많은 약이 무사히 통과됐다는 사실이 믿어지지 않는다고 했다. 그중에는 다음 선교지인 몰도바를 위해 준비한 의약품도 같이 있었다.

선교사님은 우리를 위해 자기 방을 비워 딴 곳에서 유숙했고 우리는 그곳에서 아주 편하게 지낼 수 있었다. 떠나기 전, 목사님의 배려에 감사해 책상 위에 고맙다는 편지와 함께 헌금을 조금 두고 떠났다.

도착한 다음 날부터 진료를 시작했는데 주로 선교사가 시무하는 교회에서 많은 교포를 진료했다. 그들은 대부분 한국말은 서툴고 소련말을 주로 써서 통역이 필요했다.

주로 우리 교포들을 진료했는데 고혈압, 위장병, 당뇨병, 관절염 등 어디서나 볼 수 있는 다양한 질병들이었다. 모두에게 필요한 약품을 넉넉하게 나눠줬다.

어느 날, 한 시골 교회로 나섰다. 그 교회는 현지인 소련 사람들의 교회로 선교사와 친분이 많았던 것 같다. 아침 일찍 진료를 시작했는데 한 40대 엄마가 자기와 아이 5명을 모두 진찰해 달라고 했다. 그곳 사정을 전혀 모르는 나는 전과 마찬가지로 한 사람씩 정성을 다해 진료해 줬다. 그랬는데 그 교회 목사님은 심기가 많이 불편했다고 한다. 그 엄마 때문에 밖에서 기다리는 많은 사람이 혜택을 못 받을 것을 안타까워하는 마음 때문이었을 것이다.

얼마 후, 점심 시간이 됐다는 말에, 나는 점심은 안 먹어도 되니 환자들을 보게 해 달라고 했다. 그런데 목사님이 기다리던 사람들을 다 집으로 돌려보냈다고 했다. 교회 성도들이 우리들을 위해 아침 내내 점심을 준비했는데 식사를 하지 않으면 그들이 섭섭해 할 것이라는 이유에서였다.

세상 어느 곳에나 평생 의사 손길을 한 번도 받아보지 못하고 사는 아픈 사람들이 그렇게 많다는 것을 매일 느끼면서 항상 내 마음이 아팠다. 그 아주머니도 자기 아이들이 한 번이라도 의사 손길을 받아보기를 원했을 것이다. 욕심이라기보다 거의 필사적이었다. 그래서 나는 아무 불평 없이 그들을 한 사람씩 정성껏 돌봐 주었다. 이 여섯 식구도 다 주님이 보내셨을 것이라 믿고 있었기 때문이다.

주일이 되어 나를 초청한 선교사님이 시무하는 교회에 가서 그곳 교포들, 고려인들과 함께 주일예배를 드렸다. 선교 간증을 부탁하기에 나는 한국말로 하고 그곳 고려인이 소련말로 번역하였다.

교회 건물은 옛날 어떤 부호의 개인 집이었는데, 소련 혁명 후 압수 당해서 한인 교회가 집세를 내고 예배 드리고 있었다. 들어가는 입구는 아주 넓은 공간으로 초등학교 교실만큼 컸고, 양 옆의 계단을 올라가면 또 넓은 공간이 있었는데 발레를 하던 곳이라 했다. 거기를 지나니 아주 넓은 공간이 또 보였는데 그곳을 예배 드리는 장소로 썼다.

혁명이 날 수밖에 없던 것이 가난한 사람들은 단칸방에서 온 가족이 헐벗고 굶주리며 살고 있었는데, 이 부자는 몇 명도 안 되는 자기 가족을 위해 그토록 크고 넓은 공간을 홀로 차지하고 매일 발레를 구경하거나 무도회를 열어 먹고 마시고 춤추며 지냈으니 서민들의 분노가 얼마나 컸을지 짐작이 갔다.

원한으로 가득 찬 혁명 폭도들이 소련 마지막 황제인 니콜라이 2세(Czar Nicholas II)와 왕비와 다섯 자녀를 왜 그렇게 처참하게 살해해서 이름 없는 산에 던져 버렸을까 짐작이 갔다.

나는 예나 다름없이 매일 아침 일찍 일어나 도시 중심까지 조깅했는데 항상 집 꼭대기를 쳐다보며 달렸다. 새벽이니 거리에는 사람도 별로 없고 늘 조용했다. 온 거리는 온통 열린 박물관(open museum) 같이, 모든 집은 다 다른 모양이었고 각 건물 벽(facade)은 여러 가지 조각물로 가득 차 있어 꼭 마치 박물관에 들어가서 보는 느낌이었다.

그것을 보전하기 위해, 옛날 독일과 전쟁할 때 포탄을 건물 위로 쏘고 절대로 파괴해서는 안 된다고 해서 도시 건물들은 하나도 파괴되지 않았다고 들었다.

역시 문화유산을 중히 여기는 독일 사람이 아닐까?

거기에 비하면 일본 사람은 우리나라 유산을 마구잡이로 불태우고 갔으니, 역시 민족의 야만성에는 크나큰 차이가 있는 것 같다.

어느 날, 교회에서 오전 진료를 마치고 점심시간이 돼서 바람도 쐴 겸 밖에 나가 한 오 분 걷다 보니 근처에 한 멋진 건물이 보였다. 성이삭 성당(St. Isaac cathedral)이었다. 사람들이 드나들기에, 따라 들어가 봤더니 안은 아주 화려했다. 성경에 나오는 인물들의 그림으로 모든 벽과 천정이 도배되어 있었고, 건물 안에는 여러 개의 커다란 대리석 기둥이 보였는데 짙은 초록색으로 정말 웅장하게 보였다.

1800년도에 지었다는데 거의 40년이 걸렸고 막대한 돈이 들었다고 했다. 거기서 나와 십분 정도 걸어가니, 그 유명한 에르미타시 박물관(Hermitage Museum)이 길게 늘어서 있었다. 그곳은 1700년도에 표트르 대제의 부인 캐서린(Catherine) 왕비가 시작한 건물로, 표트르 대제가 죽은 후 황제가 돼서 유럽 각지에서 수집한 3백만 점의 예술작품들이 전시돼 있다고 했으며, 다 보려면 일주일이 걸린다고 했다.

얼마나 부자였으면 그 많은 작품을 수집할 수 있었을까?

건물 앞에는 넓은 광장이 있었다. 아마 그곳에서 군중 집회가 열렸을 것이다.

나는 오후 진료를 위해 그저 멀리서만 쳐다보고 오후 선교를 위해 다시 교회로 발걸음을 돌렸다.

소련에서 모든 의료 선교를 마치고 귀국하려는데 선교사님이 출국 비자를 받았느냐고 물었다. 출국 비자가 뭐냐고 했더니 소련에는 출국할 때도 비자가 필요한데, 만일 없으면 모든 짐은 다 몰수 당하고 당장 구류된다는 것이다. 그래서 또 200불을 내고 현지 사역자들이 출국 비자를 만들어 줘서 무사히 출국할 수 있었다. 출국 비자가 필요한 나라는 아마 소련뿐일 것이다.

얼마나 가난했으면 떠나는 사람을 등쳐먹으며 살까?

2. 몰도바 의료 선교(1998.5.13-6.3)

우리 내외는 계획된 대로 1998년 5월 13일 소련 선교를 무사히 마치고 그날 몰도바(Moldova) 키시네프(Kishinev)로 향했다. 그곳 선교사가 소련 바로 옆에 있는 이곳으로 우리를 초청해서 간 것이다. 따로 준비해뒀던 의약품을 갖고 무사히 세관을 통과해서 나오니, 선교사가 마중 나와 기다리고 있었다. 숙소는 선교사님의 사택이어서 아주 편했다.

그곳에는 식수가 생각 외였다. 수돗물을 대야에 담고 아침에 일어나 보면 하얀 침전물이 생기는데, 글씨를 쓰면 아주 선명하게 보일

정도로 심했다. 그래서 우리는 항상 물을 받아 놓고 침전이 될 때까지 기다린 후 쓰곤 하였다.

그곳에서는 주로 현지인들을 진료했는데 내 옆에는 항상 소련 말하는 통역관이 함께했다. 어찌나 통역을 잘하는지 모든 일을 별문제 없이 쉽게 진찰할 수 있었다. 끝날 때까지 하루도 빠짐없이 계속 통역을 맡아 전혀 어려움이 없었다.

선교하면서 간혹 화장실에 가야 했는데, 그것이 항상 문제였다. 변기마다 하나같이 모두 다 꽉꽉 막혀 있었고, 인분이 가득 쌓여 있었다. 세계 의료 선교를 하던 중 화장실 문화가 가장 낙후된 나라는 몰도바였던 것 같았다.

그곳에 있는 동안 나를 초청한 한인 선교사님이 설립한 신학교 신학생에게 강의했다. 사실, 시애틀을 떠나기 전에 이미 부탁 받아 철저히 준비해 가지고 간 것이다.

한 2년 전부터 우리 시애틀 한인장로교회 담임목사님이 매주 구원의 진리를 설교하셨다. 그 내용이 너무 좋아서 나는 한 주도 빠짐없이 열심히 정리해 놓았다. 그것을 영어로 강의해 달라는 것이다.

모든 설교 내용을 다시 영어로 번역하는 데만 몇 달이 걸렸다. 매일 저녁 식사 후 신학생 12명에게 조직신학인 "구원의 진리"를 매일 2시간씩 강의했다. 다 끝나니 좀 더 해달라고 해서 "성령론"도 강의했다. 그러니 몰도바에서는 'Teaching Mministry'도 한 것이다.

다 마친 후, 그 젊은 여성은 자기가 통역하면서 성경에 대해 배운 것이 너무 많았다며 고마워했다. 그러니 결국 그 통역관을 가르치며 전도한 셈이 되었다.

중국 지린 의료 선교
(1998.9.16-10.4)

1998년 9월 16일, 중국 장춘을 거쳐 버스로 지린성(Jilin, 길림성)에 도착했다.

도착하니 그곳에서 나를 초청한 한인 선교사님이 나를 기다리고 있었다. 그는 지하교회를 담당하고 있었고, 또 탈북민들을 돕는 사역도 하고 있다고 했다. 워싱턴주 타코마에서 간 아주 신실하고 희생적인 선교사였다. 원래 그 선교사님은 내가 북한에 선교 가는 것을 원해 도와주기로 했다. 그래서 나는 아주 좋은 의약품을 구해 가방 4개에 꼭꼭 채워 북한에서 오라고 하는 때를 기다리고 있었다.

드디어 연락이 왔는데, 북한에서 원하는 것은 내 의료 선교가 아니고 내 의약품이라고 했다. 그러면서 북한에 가서 약 가방은 놔두고 그저 관광하고 가라는 것이었다. 북한에는 의사가 없는 것이 아니라 약품이 필요하다는 것이다.

그러나 나는 의료 선교를 관광하기 위한 수단으로 쓰지 않기로 다짐했던 탓으로 그럴 수 없다고 했다. 나는 그들과 사랑의 대화하고 싶었던 것인데 그건 안 된다고 하니 갈 필요성이 없어진 것이다.

얼마 후, 그에게서 또 연락이 왔는데 이왕 약품도 다 챙겨놨으니 혹시 자기가 사역하는 지린에 오면 어떻겠냐고 했다. 나는 쾌히 승낙하고 그곳으로 혼자 갔다.

그는 아파트에서 살고 있었는데 문은 두꺼운 철로 돼 있었고, 잠금 장치가 네 개씩이나 되어 살벌한 느낌이 들었다. 선교사님은 나에게 자기 침대를 양보해 주며 자기는 따로 야전 침대에서 자는 등 많은 호의를 베풀었다.

식사는 교회에서 성도들이 마련해 주었는데, 주로 밥과 국이었다. 어찌나 맛이 있던지 항상 더 달라고 해서 먹었다. 특히, 교회에서 주는 커다란 찐빵을 주었는데, 맛도 참 좋았다. 나는 밤참 먹는 습관이 있어서 밤참으로 좋겠다고 했더니, 여집사님들이 늘 하나 따로 싸뒀다가 주곤 했다. 그들은 하나같이 친절하고 예의가 밝았다.

그 선교사와 현지 고려인 목사는 지하교회를 섬기면서 주일예배 때는 문을 꼭꼭 닫고 전통적인 예배를 드렸다. 혹시 찬송가 소리가 밖으로 나가 이웃에 알려질까 봐 문을 꼭꼭 닫고 예배를 드렸다. 물론 밖에는 한 사람이 망을 보고 있었다.

나는 그 교회에서 열심히 진료했다. 나이 많은 할머니 두 분이 하나는 약사로 하나는 통역관과 간호사로 나를 도왔다. 밖에는 오는 환자들을 접수하는 젊은 성도가 맡아 아주 썩 잘 해냈다. 그곳 한인들은 거의 다 함경도 악센트를 썼는데, 내 고향도 함경도니 서로 통하는 바가 있었다. 중국인 현지인도 많이 찾아와 모두 똑같이 정성껏 진료해 줬다. 후에 들으니 진료 받고 간 사람 중에는 그곳 인권위원장도 있고 공안원과 관리들도 있었다고 했다.

그들의 건강은 대체로 좋은 편이었고, 어느 곳에서나 볼 수 있는 다양한 병들이었다. 특히, 허리 통증을 호소하는 환자가 많았다. 내가 갖고 간 진통제가 효력을 발휘해서 내가 유명해졌다는 것이다. 그들 모두 다 아주 만족하고 있다고 했고, 인민위원장은 내가 준 약이 너무 잘 들어 좀 더 받기를 원한다고 했다.

선교를 시작하고 며칠 후, 같은 동네 지상교회에서 사역하는 한 여자 선교사가 나를 찾아 왔다. 자기는 서울에서 파송 받아 왔는데 자기 교회에도 와서 진료해 달라고 했다. 나는 그러고 싶으나 모든 일정을 다 나를 초청한 목사님의 뜻에 따르고 있으니 그에게 말씀드려 보라고 했다. 그랬는데 선교사님이 우리도 모든 일정이 다 정해져서 바꿀 수 없다고 했단다.

내가 그곳에서 사역을 시작한 지 얼마 후 한국에서 우리 선교사 사역을 지원하던 한 여목사님이 방문하였다. 그러던 어느 날 두 선교사님끼리 언성을 높이며 다투는 모습에 나는 크게 실망했다.

다름 아니라 내 의료 봉사를 좋게 본 현지 관리들과 함께 식사할 기회가 있어서 한자리에 앉게 됐는데 그 자리에서 우리 선교사가 전도하는 것이다. 좋은 기회라 생각하고 직접 말씀을 전하는 모습이 아주 담대하고 박력이 있었다. 좀 지나치지 않나 생각했지만 알아서 잘 했을 것으로 생각했다.

그런데 한국에서 온 여목사님은 좀 못마땅하게 생각했는지 마치고 집으로 오는 택시 안에서 그 전도 방법을 평가하는 말을 했다. 그곳에서 사역한 지 여러 해가 되는데, 엊그제 처음 온 여목사가 뭘 안다고 그러느냐며 언성이 높아졌고, 결국 서로 자기 주장하며 격한 말다툼이 벌어진 것이다. 그러면서 며칠 동안 있었던 불편한 심기를 서로 털어놓는 등 하지 말아야 할 말도 서슴지 않고 했다.

　오지에서 고생하고 어렵게 사역하면서 서로 좀 참으면 될 것을 왜 그렇게까지 해야 하는지 잘 알 수 없었다. 죽으면 죽으리라는 믿음으로 목숨을 걸고 전도해야 한다는 선교사의 믿음과 좀 지혜롭게 특히 공산 국가에서 전도해야 한다는 여목사와의 견해차였다.

　곰곰이 생각해 보니 둘 다 틀린 말은 아닌 듯했으나, 내 기억에는 좋은 추억으로 남지 않았다. 결국, 그 여목사님은 다음 날 한국으로 되돌아갔고 나를 초청한 현지 선교사도 그다음 날 어디론가 가버려 나는 그곳을 떠날 때까지 그를 다시 보지 못했다.

　얼마 후, 그날도 오전 진료를 무사히 마치고 점심 먹고 오후 진료를 막 시작했는데 한 집사님이 날 부르더니 빨리 자기를 따라오라고 했다. 밖에 한 20명의 환자가 기다리고 있는데 왜 그러느냐고 하며 거절했지만, 무작정 내 손을 잡고 밖으로 나가더니 택시를 세워 나를 태워 진료 장소를 떠나는 것이다.

　다시 이유를 물었더니 지금 공안원이 날 잡으려고 오고 있다는 것이다. "그게 무슨 소리냐"고 했더니 내가 중국에서 금지된 전도를 한다며 나를 잡으러 온다는 것이다. 그러니 택시를 타고 이곳저곳을 다니며 공안원의 추격을 피해야 한다는 것이다.

　후에 전해 들은 이야기는 정말 기가 막힌 사탄의 역사였다.

　지상교회를 섬기는 그 여선교사가 자기 교회에 나를 데려가지 못하게 되자, '내가 못 먹는 떡을 너도 못 먹어' 하는 식으로 내가 전도한다고 자기 교회 공안원에게 고발했다는 것이다. 참으로 어리석은 사람이 아닐 수 없었다.

그런데 마침 그 사실을 엿들은 한 공안원이 미리 우리에게 알린 것이다. 그 공안원은 며칠 전에 나에게 와서 진료 받고 약의 효과도 보고 감사하는 마음이 있었는데, 나를 잡으러 간다니 그냥 좌시할 수 없었다고 한다. 또 내가 무슨 범죄 행위를 하지 않은 것을 잘 알고 있었으므로 날 돕고 싶었다고 했다.

그래서 내가 사역하는 장소로 급히 와서 지금 공안원들이 나를 잡으려고 오고 있으니, 즉시 택시를 타고 다른 마을로 갔다가 저녁때 기차를 타고 베이징으로 피신하라고 하더라는 것이다. 그곳이 제일 안전한 곳이라고 했다는 것이다. 성령님의 도움이었다.

몇 시간 후, 숙소에 다시 와서 내 짐을 정리하고 모든 약품은 종류대로 분류해서 설명서를 상세하게 써 놓고 즉시 숙소를 떠났다. 향한 곳은 지린 기차역이었다. 나와 동행한 젊은 집사님은 옛날 베이징에서 택시 운전기사로 10여 년 일했던 경험이 있는 청년이었다. 그는 현지인 지하교회 목사님의 사위였다. 그러면서 침대칸으로 갈 것인지 앉아서 갈 것인지 물었다. 현지인들은 어떻게 여행하느냐고 했더니 거의 모두 다 일반석에서 앉아 간다고 했다.

이전부터 나는 제3국에서 선교하며 그곳 사람들의 병을 이해하려면 그들의 삶을 조금이라도 알아야 하므로 현지인들과 마찬가지로 살겠다고 다짐했기에, 주저하지 않고 일반석에서 그들처럼 앉아서 가겠다고 했다.

오후 4시 반이 되니 기차가 움직이기 시작했다. 나는 드디어 안도의 숨을 내쉴 수 있었다. 내 옆에는 나를 지켜주는 고려인 젊은 집사가 앉았고, 그 옆과 내 앞자리에는 아주 나이 많은 할머니 4명이 앉아 있었다. 총 6명이 서로 마주 보며 앉았다.

한참 가다가 베이징까지 얼마나 걸리냐고 물었더니 21시간 걸린다며 다음 날 오후 1시 반에 베이징에 도착한다는 것이다. 나는 깜짝 놀랐다. 나는 두 세 시간이면 가는 줄 알았는데 거의 하루가 걸린다니 기가 막혔다. 그 긴 시간 어떻게 앉아서 갈 수 있을지 염려스러웠다. 그래도 할 수 없다고 생각하고 포기한 채 창가에 몸을 기대고 눈을 감고 기도했다.

'하나님, 제가 예수님이 가시고자 하는 동네에 주님 대신에 왔었다고 기뻤했는 데 이렇게 쫓겨 갑니다. 어떻게 된 일입니까?'

'이번 선교는 주님의 뜻이 아니었던가요?'

그러면서 웃으며 응소 비슷하게 또 기도했다.

'21시간 가야 한다는데 이 할머니들을 쳐다보며 어떻게 그 긴 시간을 보낼 수 있겠습니까. 부탁이니 18살 되는 미인 하나 내 앞에 보내 주소서.'

이렇게 나도 말도 안 되는 소리를 중얼거리다가, 긴장했던 하루의 피곤이 몰려와 깊은 잠에 빠졌다.

한참 자다가 눈을 떴는데, 이게 웬일인가?

내 앞에 한 소녀가 앉아 있는 것이다. 나는 내 눈을 의심했다. 꿈인 것 같았다. 있을 수 없는 일이었다. 꿈꾸는 줄 알고 다시 눈을 감았다 떠보니 그것은 현실이었다.

'주님, 주님도 참 멋있습니다. 제가 그런 기도를 그저 해본 것인데 그대로 즉시 들어주신 겁니까?'

'You are so funny!'

이렇게 혼자 중얼거렸다.

가만히 쳐다보니 키는 168cm 정도 되는 듯했고 날씬한 허리에 화장기도 없는 흰 얼굴에, 손색 없는 중국 절세미인이었다. 후에 들으니 18살이라 했다.

할머니가 앉았던 그 자리에 어떻게 그 아이가 앉아 있게 됐는지 궁금했다. 후에 들으니 그 할머니가 나를 보니 점잖고 믿음직스러워 다른 칸에 앉았던 손녀딸과 자리를 바꿨다는 것이다.

한참 있더니 그 소녀가 카드 하나를 사서 혼자 뭘 하는데 잘 몰라 재미가 없었는지 이내 창가에 기대며 눈을 감는 것이다.

그래서 한참 있다가 내가 손짓으로 솔리테어(Solitaire, 혼자 하는 카드놀이) 하나를 가르쳐도 좋겠냐고 내 통역관을 통해 물었다.

통역관이 "박사님이 너에게 혼자 하는 카드놀이를 하나 가르쳐 주시겠단다"라고 말했다. 그랬더니 여학생이 순순히 카드를 내게 건네주는 것이었다. 한 가지를 가르쳐 줬더니, 금방 따라 하며 좋아했다. 명철한 아이였다. 재미가 있었던지 여러 번 하더니 더 가르쳐 달라고 했다. 다른 것을 가르쳐 줬더니 기뻐하며 곧잘 따라했다.

통역관이 말하기를, 그 소녀가 내가 누구냐고 자꾸 묻는다는 것이다. 절대로 의사라 하지 말고, 미국 시민이라 하지 말고, 여행 다니는 한국인이라고 하라고 부탁했는데, 그만 실수로 집요하게 묻는 말에 그만 실수로 내가 미국 시민이고, 의사이고 의료 봉사를 다니는 사람이라고 실토해 버린 것이다. 미국 시민이란 말에 소녀는 눈을 번쩍 뜨더니 영어를 가르쳐 달라고 했다.

그래서 카드에 있는 인물부터 킹, 퀸, 잭, 에이스 등 숫자를 가르쳐 줬다. 그 아이도 곧잘 따라 했다. 더 가르쳐 달라며 졸라대기에 주위에 보이는 물건들의 이름 및 인사말 등 몇 마디를 가르쳐 줬다. 아주 잘 따라 했다.

그러다가 나는 너무 피곤해서 눈을 좀 붙여야겠다고 하고 창가에 기대어 눈을 감았다. 한참 후, 눈을 떠보니 그 아이도 좀 누워 있다가, 내가 눈 뜨는 것을 보고 후딱 일어나는 것이다. 내가 다시 눈을 감으니 그 소녀도 다시 누우면서 나만 주시하고 있었다. 할 수 없이 다시 일어나 앉았더니, 영어를 더 가르쳐 달라고 해서 많이 사용하는 간단한 말을 가르쳤는데 열심히 따라 했다.

한참 있으니 그 객차 안에 있는 승객들이 하나같이 내 통역관에게 내가 뭘하는 사람이며 어디서 왔는지 자꾸 물어본다는 것이다. 할 수 없어서 나는 크리스천이며 미국 의사로 세계 의료 봉사를 다니는 한국 사람이라고 솔직히 알려줬다는 것이다.

나는 이것도 내 기도 제목 중 하나인 'Teaching Ministry'라 여기고 열심히 가르쳐 줬다. 우리가 영어하는 모습을 그 차 칸에 있는 모든 승객은 보고 듣고 있었고, 모든 이목이 우리 두 사람에게 집중된 듯했다. 그것도 그럴 것이 한 절세미인과 환갑을 앞에 둔 한국인의 장시간에 걸친 영어 공부가 그들에게 보기 싫지는 않았던 것 같다. 나는 내 언어와 행동을 조심하면서 되도록 예수님의 향기가 이 차 칸에 가득하기를 바랐다. 중국에서는 전도하면 곧 잡힌다고 하니, 행동으로 전도하는 방법밖에 없었다.

그러는 동안 우리 의자 주위에 젊은 남녀들이 모여드는 것을 느꼈다. 한 청년이 영어로 나에게 말을 걸어왔다. 그러더니 다들 영어로 한마디씩 해댔다. 그러면서 자기들은 다 베이징대학 영문학과 학생들이며, 나와 영어로 이야기하고 싶다고 했다. 그래서 우리는 영어로 서로 대화했다. 그 젊은이들은 모두 다른 차 칸에서 내 소문을 들고 왔다는 것이다. 한 무리가 떠나가니 또 다른 학생들이 오고 하면서, 한참 동안 베이징 학생들과 대화할 기회가 됐다. 그들이 묻는 말에 모두 성심껏 대답해 줬다.

대화하면 그들도 좋아했고 나도 기뻤다. 'Teaching Ministry'니까.

한참 그러는 동안 피곤이 몰려와, 미인이고 베이징 학생이고 뭐고 눈이 감겨 죽을 지경이었다. 그래서 좀 누웠으면 했는데, 글쎄 우리 좌석에서 모두들 일어나며 나에게 다리를 펴고 한숨 자라고 말해 주었다. 어찌나 고마웠는지 … 나는 내가 갖고 다니는 토트백 끈을 손목에 감고 또 베고 누워 잤다.

후에 들은 얘기가 재미있었다. 그 차 칸에 있는 모든 사람이 하나같이 서로 말하기를 "저 멋진 미국 신사가 잠자는 동안 우리가 다 깨어서 도둑놈들에게서 보호하자"고 했다는 것이다. 왜냐하면, 그 차 칸에 도둑놈 세 놈이 양 문과 내 자리에 와서 호시탐탐 내 토트백을 훔치려 했다는 것이다. 그 차 칸에 있는 모든 사람이 하나같이 자지 않고, 그 도둑놈들을 감시하는 바람에 도둑들은 결국 포기하고 다음 역에서 내렸다는 것이다.

나는 토트백을 손목에 감고 베고 잤는데, 그 안에는 내 여권, 달러, 항공권, 신용카드 등 여러 가지가 있었다. 내가 그토록 잡고 또 베고 잤으니 "내 손목을 자르지 않고서 어떻게 훔칠 수 있느냐"고 통역관에게 말했더니, 통역관의 말이 "중국 도둑들은 쇠사슬도 끊고 훔친다"고 했다.

그 말에 등이 오싹해짐을 느꼈고, 또 그 칸에 탄 모든 승객에게 얼마나 감사했는지 모른다. 그들은 하나같이 서로 약속이라도 한 듯 나를 지켜줬다고 했다. 절대로 중국에서 불미스러운 일이 이 사람에게 생겨서는 안 된다고 서로 말하더라는 것이다. 당시 미국 여권은 뒷거래로 고가에 팔렸다고 하니, 훔칠 만했을 것이다.

내가 탄 기차 칸은 그 길고도 먼 여행이 이 아리따운 여성에게 영어를 가르치는 모습을 보며 승객 모두 다 지루하지 않게 보낸 듯한 느낌을 받았다. 나를 위로하기 위해 예수님이 보내주신 이 여성이 그 원인이었던 것 같았다.

그 후 오랜 세월 지나도록, 그때 그 일이 잊히지 않고 훈훈한 기억으로 마음에 남아 있었다.

그럭저럭 열차는 어느덧 베이징에 가까워졌는지, 사람들이 많이 오르내리는 듯했다. 그래서 우리 앞자리가 비게 되니 소녀의 할머니가 옮겨와서 그 아이 옆에 앉게 됐다. 그러면서 하는 말이 자기 손녀가 심장병으로 베이징에 진찰하려고 간다는 것이다. 그 말에 내 마음이 아주 아팠다. 이 어여쁜 아이가 심장병으로 고생하고 있었다니… 심장병에 대해 아는 대로 설명해 주니 고마워했다.

나는 그 할머니와 손녀에게 희망을 주려고 애썼다. 베이징에 가서 의사를 본 후, 무슨 질문이 있으면 내가 상세하게 설명해 줄 수도 있다고 했다. 그러나 서로 거처를 알지 못하므로 안타까웠다. 도착 시각이 가까워지니 그 소녀는 눈물이 글썽거리더니 한참을 흐느끼며 눈물을 닦아냈다. 감수성이 강한 나이에 그사이 형성된 끈끈한 정 때문이었으리라 …

그 활발한 소녀는 내가 하나님께 그저 해본 기도였는데 즉시 응답받아 보내왔고, 그 차칸의 홍일점이었으며 내게 영어를 가르쳐 달라고 졸라대는 바람에 많은 일이 생겼다.

그러는 사이, 21시간의 긴긴 여행을 잘 견디며, 어렵지 않게 끝마칠 수 있었다고 본다. 나에게 기쁨을 주고 그 먼 여행을 즐겁게 해준 그 소녀에게 건강과 행복이 임하기를 기도했다.

그러나 지나고 보니 그 모든 역사는 다 하나님이 주관해 주신 것이 아닐까 생각했다. 그 소녀는 헤어지면서 정말로 고맙다고 여러 번 말하며 떠났다고 내 통역관이 후에 알려 줬다.

베이징역에 내리니 손님을 자기들의 숙소로 데리고 가려고 많은 사람이 접근해 왔다. 내 통역관은 어떻게 하면 그들을 도울 수 있을까를 잘 알고 있었다. 그래서 우리는 한 조선족 사람의 집을 선정해 가기로 하고 그를 따라나섰다.

그의 집은 베이징에서 좀 떨어진 달동네에 있었는데, 주위는 판잣집들이 모여 있는 곳이었다. 베이징에도 이런 곳이 있다니 놀라웠다. 화장실은 공중화장실이었는데 대여섯 명이 서로 쳐다보며 용변을 보는 구조였고, 냄새가 짙어서 그런지 모두 담배를 피우며 용변을 보고 있었다. 밤이 되니 가로등도 없어서 아주 캄캄했다.

집주인은 얼마나 담배를 자주 피워대는지 보기에 걱정스러울 정도였다. 그래서 내 통역관이 내가 의사라고 말하며 상담해 보라고 해서, 온 가족이 나에게 진료를 받았다. 담배에 대해 아는 대로 상세히 설명해 줬더니, 금연하겠다며 바로 그날부터 담배를 줄였다고 했다.

그렇게 조금이라도 그들에게 보탬이 되고 따뜻한 대화를 나눌 수 있어서 좋았다. 그들은 감사하는 마음으로 그곳에 있는 동안 우리에게 정성껏 잘해 주었는지 모른다. 온종일 돌아다니다 밤늦게 집에 오면 잘 차려진 한국 밥상이 기다리고 있었다.

4-5일 머물다 그곳을 떠날 때, 왜 호주머니에 있던 돈을 나눠주지 않고 떠났는지 … 후에 많이 후회했다. 당시 나는 꽤 구두쇠였던 것 같다.

베이징에 도착한 후, 비행기 탈 날짜가 며칠 남았기로, 다음날부터 베이징을 손바닥처럼 잘 아는 통역관이 나를 데리고, 꿈에도 바라지도 상상조차 못 했던 베이징 관광에 나섰다. 버스를 타고 다니며 여기저기 구경했다. 중국 황실의 궁궐인 자금성에서부터 시작했다. 자금성 안은 웅장한 건물들이 즐비해 있었고, 넓은 공간이 인상적이었다. 황제가 살던 곳, 정치하던 곳, 기도하던 건물 등이 일렬로 서 있었다. 뒷문으로 들어갔다가 앞문으로 나왔는데 거기에 모택동 사진이 크게 달려 있었다.

통역관이 나를 데리고 옛날 모택동이 중국을 통일하고 "오늘 중화인민공화국이 탄생했다"라고 말했다는 바로 그 장소를 구경시켜 줬다. 그 앞에는 넓은 톈안먼(천안문) 광장이 보였다. 내 통역관 집사는 나를 열심히 데리고 그 외 이화원, 왕릉, 단리장성 등 두루 구경시켜 줬다.

주로 버스를 타고, 그리고 걸어서 며칠을 다녔더니 다리가 너무 아파 더 이상 걸을 수 없을 정도였다. 그러나 그렇게 걸어 다니다 보니 비용은 거의 들이지 않고 관광할 수 있었다. 입장권도 통역관이 다 알아서 사줬다.

하루는 관광을 마치고 그 유명한 베이징덕(Peking Duck, 피킹 오리) 식당(베이징에서 유명한 오리 요리집)에 가서 오리고기를 먹어봤는데 그 맛은 과연 최고였다. '평양에는 옥류관 평양냉면' 하듯 '베이징하면 베이징덕'이라는 말을 들은 적이 있는데, 바로 그 식당에 간 것이다.

하루 종일 돌아다니느라 물도 제대로 마시지 못했더니 어찌나 목이 마르던지 … 커다란 둥근 테이블에 우리 말고 세 쌍이 따로 따로 앉아 먹고 있었는데, 우리 둘이 연속 차를 마셨더니 동석한 세 쌍이 자기들의 찻주전자를 우리에게 건네주면서 마시라고 했다.

베이징에도 내가 알지 못했던 이런 사랑의 정이 있구나 … 하며 내 마음이 매우 흡족했다. 역시 소문만 듣고 모든 사람을 싸잡아 편견을 갖는 것이 얼마나 위험하고 잘못된 태도인지 … 차 맛도 일류였다.

이렇게 계획도 없었고 평생 꿈에도 생각하지 못했던 베이징을 관광하게 됐다. 이렇듯 우리 인생의 모든 일이 하나님의 계획 속에 있는데, 단지 내가 모르고 있을 뿐이다.

한 가지 아쉬운 것은 왜 내가 그곳을 떠나기 전 그에게 그저 되돌아갈 값만 주고 내가 갖고 있던 나머지 돈을 다 주지 않았는지 … 내 짧은 생각을 후에 많이 후회했다. 그가 아니었다면 나는 그저 허송세월을 보내다 귀국했을 것이다. 모든 것이 성령님의 배려였다. 관광하지 않겠다는 나에게 어쩔 수 없이 관광시켜 주신 하나님께 감사했다.

그렇게 중국 선교는 막을 내렸는데, 나를 고발한 그 지상교회 여선교사는 그 후 내가 선교했던 교회에서 완전히 외면 당했다는 소식을 들었다. 검은 속내를 안 성도들은 그가 속과 겉이 다른 가짜 선교사임을 알고 하나같이 그와 관계를 끊었다고 했다. 몇 달 후, 그 선교사는 한국으로 다시 송환되어 되돌아갔다는 것이다. 자업자득이었을 것이다.

우즈베키스탄 의료 선교
(1999.10.6-10.25)

 1998년 초에 내 둘째 딸 데비(김인혜)가 'Teaching Ministry'(가르치는 사역)을 위해 버클리 자기 교회에서 파송 받아, 일 년간 우즈베키스탄 타슈켄트에 가 있었다. 그곳 선교사님을 도와 선교하던 중 어느 날 선교사님이 딸에게 물었다고 한다.
 "토론토에서 왔다고 했지요?
 그러면 혹시 김인국이라는 사람 아시는지요?"
 데비는 토론토에서 함께 여러 해 지냈는데, 그 사람을 어떻게 아느냐고 되묻고는, '그가 바로 내 아버지"라고 대답했다고 한다.
 그는 심히 놀라며 그가 지금 어디 있느냐고 물었고, 시애틀에 있다고 대답하니 당장 연락하라고 해서 나도 알게 됐다.
 그는 내가 토론토한인연합교회(Toronto Korean United Church) 성가대 지휘를 맡았을 때, 성가대 총무였다. 당시 나는 토론토 의과대학에서 이비인후과 레지던트를 4년 하고 마친 상태였다. 동료 의사들과 동업하고 있다가, 1975년 미국에 이민할 때까지 토론토한인연합교회 성가대 지휘를 맡아 3년간 봉사했다.

내가 그곳을 떠난 후, 그는 백방으로 나를 찾았으나 찾지 못했는데, 데비가 바로 내 딸이라니 적잖이 놀랐다고 했다.

그렇게 내가 토론토를 떠난 지 거의 20여 년 만에, 서로의 소식을 알게 된 것이다. 전임 지휘자가 갑자기 사임해서 당시 토론토연합교회 장로님-내가 학창 시절 세브란스 이브닝콰이어 창시자이며 몇 년 지휘한 경험이 있는 것을 알고 있던 나의 선배님-이 추천해 내가 지휘하게 된 것이다. 내가 떠난 후 너무 보고 싶었는데, 그의 딸이 바로 자기 곁에서 자기 교육 목회를 돕고 있었다니 얼마나 기뻤는지 모른다고 했다.

그러면서 나에게 그곳으로 의료 선교를 올 수 없겠느냐고 제안해 왔다. 그 소식에 내 귀가 번쩍 뜨였다. 그러지 않아도 다음 선교지가 어디냐고 열심히 기도하던 때라 내 기도에 응답해 주신 주님께 감사드렸다. 그래서 약 가방을 준비하고 아내와 함께 그곳으로 갔다. 시내 중심가에서 좀 떨어진 곳에서 사는 선교사 집에서 유숙하기로 하고 짐을 풀고 있는데, 그 선교사가 갑자기 <양 떼같이>를 기억하느냐고 했다.

우리 둘은 한참 웃었다. 내가 토론토에서 지휘하던 때 헨델의 메시야 곡 중에 합창곡인 <양 떼같이>를 각자 집에서 연습하게 했는데, 얼마나 열심히 했으면 아이들이 "양 떼같이"하며 돌아다녔다는 옛날 추억이 떠올랐기 때문이다.

다음 날부터 시작된 의료 선교 대상은 주로 고려인들이었는데, 모두 한국말을 하여 의사 소통이 가능했다. 대부분 아주 심한 고혈압 환자들이었고 위장병 등 다양한 질환을 갖고 있었다. 나는 열심히 그들을 돌봤고, 잔뜩 갖고 간 고혈압약과 위장약이 많은 도움을 줬다.

그러나 항상 더 많이 주지 못해서 안타까웠다. 고혈압약은 오래 복용해야 하는데 한두 달 치료는 어림도 없기 때문이었다. 선교사의 말에 의하면 그들은 약을 받고 매일 먹는 것이 아니라, 어쩌다 한번씩 먹고 있었다. 나는 약보다 더 좋은 치료법은 음식 요법임을 강조했다. 그들의 음식이 매우 짰기 때문이다.

나는 선교하러 가면 가능한 한 현지 음식을 먹고 현지인들과 같이 살면서 지내려고 했다. 그래야 그들의 문화와 생각을 이른 시일 안에 익혀 환자들을 이해하는 데 도움이 되기 때문이었다.

그런데 그곳 고려인들의 음식은 도저히 먹을 수 없었다. 설사 때문이었다. 한번은 설사 때문에 온종일 고생하며 진료한 적도 있었다. 그래서 우즈베키스탄 현지인들의 주된 음식이 뭐냐고 물었더니 '리피오쉬카'와 '뜨니아'라 했다. 리피오쉬카는 일종의 밀가루빵으로 크기가 큰 접시만 했고 피자와 비슷하게 생겼는데, 맛이 좋아서 나는 그날부터 그것만 먹기로 작정했다.

그것을 만드는 곳이 우리 숙소에서 가까워서 그곳에 가보니, 흙으로 돔 같은 것을 만들어 그 안에 불을 피우고, 밀가루 반죽을 돔 안쪽 흙벽에 붙였다. 몇 분 지나니 리피오쉬카가 나오는 것이었다. 한 열 개를 샀는데 글쎄 그 열 개 값이 겨우 일 달러밖에 안 되었다. 하나 반 정도 먹었더니 배가 불렀다. 그러니 그것이면 며칠 동안 걱정 없었다. 하루 이틀 지나니 말라버리는데도 얼마나 맛있던지 밤참으로는 최고였다.

하루는 열 개 사서 숙소로 돌아 오는데, 한 아이가 부러운 듯 바라보기에 하나를 줬더니 매우 고마워했다. 왜 내가 갖고 있던 것을 더 주지 않았는지 … 나중에 후회했다.

성경은 있는 것을 이웃과 나누며 살라고 했는데 나는 구두쇠였다. 두 번 겪은 전쟁 탓이었다.

뜨니아라는 과일은 일종의 멜론 비슷한 모양으로 맛도 비슷했다.

리피오쉬카와 뜨니야는 서로 궁합이 잘 맞고 값도 싸서 현지인들이 주식으로 즐겨 먹는 음식이라고 했다. 나는 그곳을 떠날 때까지 계속 이것만 먹었다.

또 그곳에는 무화과 나무 열매를 많이 팔았다. 먹어 보니 달고 아주 맛있었다. 평소에 먹지 못하던 과일이라 많이 먹었다. 그래서 자주 먹게 됐는데, 하루는 그 속이 어떻게 생겼나 보려고 쪼개 봤더니 벌레 한 마리가 꿈틀거리는 것을 발견하고 기겁을 했다. 그래서 여러 개 쪼개어 보니 모두 벌레가 들어있어서 다시는 입에 대지 않았다.

하루는 현지인 한 사람이 우리 내외를 자기 집에 초대해 만찬을 베풀었는데 상다리가 부러지도록 차려져 있었다. 집 주인이 머리 자리에 앉더니 리피오쉬카를 손에 쥐고 떼어 한 사람씩 나눠줬다. 그 빵을 나눠주면서, 이것이 그들이 손님을 대접하는 방식이라 설명하였다. 그가 하는 모습을 보면서 '아, 예수님께서도 이렇게 최후 만찬을 하셨겠다'고 생각했다.

> 떡을 가지고 축사하시고 떼어 제자들에게 주시며 (Jesus took bread, gave thanks and broke it, and gave it to his disciples) … (마 14:19).

예수님도 리피오쉬카와 비슷한 빵을 가지고 이 집주인이 하는 것과 똑같이 하지 않으셨을까?

이해가 되는 것 같았다. 그러고 보면 오병이어도 빵을 이렇게 찢어 오천 명에게 나눠주지 않았을까하는 상상도 해봤다. 빵 하나를 들고 찢고 또 찢어 오천 명을 먹였을 것이다.

끝나는 날까지 현지 선교사가 정해주는 여러 동네를 다니며 많은 환자를 진료했다. 다시 오라고 해서 기도해 노자고 하고 그곳을 떠났다.

[타슈켄트 한인 교회]
교인들이 나를 환영하며 준비한 음식으로 그들의 주식인 리피오쉬카 빵이 많이 보인다.

[타슈켄트]
단기 선교 온 미국 교포 2세들과 현지 청년들이 나의 도착을 환영해 주고 있다.
나를 초청한 천중환 선교사가 앉아 있다.

[타슈켄트]
진료 순서를 기다리는 주민과 고려인들.

[우즈베키스탄]
한 달 동안 매일 먹은 나의 식사. 리피오쉬카 빵과 뜨니야 참외. 이것은 원주민들의 주식이기도 하다. 값도 싸고 흔하다. 당시 리피로쉬카는 열 개에 2달러였다.

제2차 우즈베키스탄 의료 선교
(2002.10.1 - 11.3)

무사히 선교를 마치고 집에 오니, 다시 와달라는 요청이 왔다.

그런데 당시 나는 '위선자'라는 억울한 말을 듣고 시험에 빠져 있을 때여서, 마음으로는 당장 달려가고 싶었지만, 위선자라는 소리까지 들어가며 의료 선교를 계속할 마음은 전혀 없어서 오랫동안 선교를 중단한 상태였다.

그러던 어느 날, 큐티를 통하여 내가 받은 무서운 시험에서 빠져나올 수 있었고, 우울증에서도 벗어날 수 있었다. 삼척에 있는 문대식 목사님의 도움도 있었다. 또 오라고 하며 집요하게 요구하던 타슈켄트 선교사는 내 응답이 없자 아주 극한 결정을 내려, 내가 가겠다고 할 때까지 금식 기도를 할 것이라 했다. 나는 할 수 없이 손들고 또 가겠다고 했다.

2002년 10월에 다시 우즈베키스탄으로 갔다. 이번에는 여러 가지 고급 고혈압약을 더 많이 갖고 갔다. 공항 세관을 통과하려는데, 세관원이 가방을 열라고 했다. 가방은 약으로 꽉 차 있어 문제가 생길 수 있는 상황이었다.

그때 현지 고려인으로 은퇴한 고급 장교 한 분이 군복을 입고 계급장을 달고 공항에 나와 나를 맞이해 줬다. 혹시 있을 지 모를 일에 대비해서 선교사가 보낸 것이라 했다.

나를 지켜보고 있다가 가방을 열라는 광경을 보고, 즉시 나에게 가까이 와서 귓속말하기를 상비약 같은 것이 있으면 그에게 하나 주라고 했다. 나는 즉시 1,000알짜리 고급 종합 비타민 큰 병 하나를 건넸다. 온 식구가 매일 먹어도 일 년 넘게 쓸 것이라고 했더니 입이 쩍 벌어지며 바로 통과시켜주는 것이 아닌가. 순간 그 장교는 하나님이 보내주신 천사였다고 생각했다.

선교사 사택에 짐을 풀고 타슈켄트 한인 교회에서 의료 선교를 시작했다. 이번에는 선교사 사모님이 통역을 맡았는데 어찌나 잘하는지 환자 보는 속도도 빨랐고 일도 한결 쉬웠다. 그도 그럴 것이 이 사모님은 토론토에 있을 때 토론토대학 병원 수간호사 출신이었다. 때로는 선교사님이 직접 환자 접수를 맡아 아주 효율적으로 진료할 수 있었다.

며칠 후부터 고려인들이 사는 여러 마을로 가서 많은 동포를 도울 수 있었다. 이번에도 고혈압 환자들이 어찌나 많은지, 갖고 간 고혈압약을 넉넉히 나눠 줬다. 고혈압약 외에 쓰고 남은 모든 약은 사모님에게 맡겼으니 전직 간호사인 그가 잘 사용했으리라 생각했다.

이번에는 아예 리피오수카와 뜨니아로 한 달을 살기로 하고 실천에 옮겼더니 하루도 설사 없이 잘 견딜 수 있었다. 그 사이 값이 좀 올라서 열 개에 1달러 20전이었다. 그래도 얼마나 싼지. 말라 버린 후에는 간식으로 먹었더니 정말 맛있고 소화도 잘됐다.

그곳에는 한국이나 미국에서 흔치 않은 석류(pomegranate)가 많았다. 여자들은 그것을 짜서 즙으로 마셨다. 아주 좋은 건강식이라 했다.

내가 그곳에 있는 동안 내 맏아들 에디(김성환)가 며느리와 갓 태어난 손자와 함께 일 년간 Teaching Ministry (가르치는 사역)를 위해 파송 받고 버클리에서 왔다. 현지 학생들에게 영어를 가르치면서 전도하는 사역을 할 예정이었다.

그 사역은 아주 성공적이어서 버클리에 살고 있던 내 자녀들이 여러 번 동참했다. 내 자녀들은 모두 다 미국에서 태어나 영어는 미국 사람과 똑같았다.

타슈켄트에서 의료 선교하던 중, 현지 선교사가 누쿠스(Nukus)에 가서 선교하자고 해서 따라 나섰다. 누쿠스는 카라칼파크스탄(Karakalpakstan) 자치 구역 수도로, 우즈베키스탄 영토지만 자치 정부를 수립하여 살고 있다고 들었다.

참 재미있는 일이지만, 그것도 괜찮다는 느낌이 들었다. 지역 감정으로 늘 다툴 것이 아니라 자치 구역을 만들어 자기 뜻에 맞는 법을 만들어 사는 것도 괜찮다 싶었다. 비행기에서 내려다보니 우즈베키스탄에는 산도 없고 나무도 별로 없어, 거의 광야같이 보였고 목화밭이 많이 보였다.

그곳에는 아랄해(Aral Sea)가 있는데, 지금은 거의 말라 지구에서 사라질 단계라 했다. 히말라야 쪽에서부터 내려오는 두 개의 큰 강물(Syr Darya River and Amu Darya River)로 생긴 것이 아랄해인데 러시아 사람들이 사막 같은 그곳에 목화밭을 일군다고 막대한 양의 강물을 끌어 쓰는 바람에, 강물이 말랐다는 것이다.

그런데 한 해 쓰고 나면 그 땅이 온통 하얀 소금으로 뒤덮여 다음 해에는 그것을 또 강물로 씻어내고, 목화를 심고 하다 보니 막대한 물을 허비해서, 결국 아랄해가 줄어들기 시작했다는 것이다.

인간이 저지른 지구 생태계 파괴 행위임에 틀림이 없었다. 예전에는 러시아 사람들의 밥상에 오르는 생선 중 10% 이상이 아랄해에서 공급되었다고 하니, 어획량이 얼마나 컸던지 알 만하다. 그런데 이제 그 물고기가 다 없어졌다고 했다.

누쿠스에서 온종일 환자들을 돌보고 다시 타슈켄트로 무사히 돌아왔다.

그곳에서 선교를 다 마치고 떠나기 전, 그곳 선교사가 교육 선교를 위해서 미국에서 온 젊은이들과 우리 내외를 버스에 태워 그 유명한 사마르칸트(Samarkand) 구경을 시켜주었다. 선교 중 관광을 하지 않는다는 내 결심에 위배되어 안 가겠다고 했더니, 내 아들 식구와 모든 선교사가 함께 가는데, 혼자서 어떻게 선교할 수 있느냐고 해서 할 수 없이 따라갔다. 또 현지 선교사의 지시에 순종해야 하므로 따라나선 것이다. 이 관광은 미국에서 자비로 단기 교육 선교하러 온 젊은 남녀의 노고에 감사하는 뜻이라고 했다.

도시를 벗어나려는데 경찰들이 길을 막고 조사를 하는 것이다. 그곳에는 선교한다고 하면 즉시 억류될 것이기 때문에, 우리는 잠잠히 앉아 있었더니 현지인 버스 운전사가 경관들과 대화했고, 결국 통과시켜 줬다. 돌아올 때도 다시 조사를 받았다.

그에 비해 한국이나 미국은 얼마나 자유롭고 살기 좋은 나라인가?

사마르칸트는 중앙아시아에서 가장 오래된 도시로 아주 유명한 곳이여서 여기저기 볼거리가 많았다. 약 2500년 전에 생긴 도시로 많은 역사를 지니고 있다고 했다. 옛날 카라반들이 먼 길을 걸어와서 그곳에서 서로 만났다고 했다. 사마르칸트는 만남의 장소, 문물 교환의 장소, 동서양을 잇는 실크로드(Silk Road) 의 중심지였다고 한다.

한가지 신기한 것은 모든 건물이 다 흙으로 건축됐다는데, 어떻게 오랜 세월을 견디어 지금까지 보존돼 있었는지 옛날 사람들의 지혜에 감탄할 따름이었다. 사마르칸트라는 이름의 뜻은 타슈켄트라는 이름의 뜻과 똑같이 "바위 성"이란 의미라고 했다.

이로써 우즈베키스탄 의료 선교는 막을 내렸고 다시는 갈 기회가 없었다.

그러나 내 자녀들은 그 후에도 여러 번 다녀온 것으로 안다. 카자흐스탄(Kazakhstan)의 알마티(Almaty)에도 가고 싶었으나 주님의 허락을 받지 못했다.

내 자녀들은 카자흐스탄뿐 아니라 키르기스스탄에도 가르치는 선교 차 여러 번 다녀왔다고 들었다.

제12장 제2차 우즈베키스탄 의료 선교 121

[타슈켄트]
현지인 의사들에게 좌담식 의학 강의(제1차 초청)

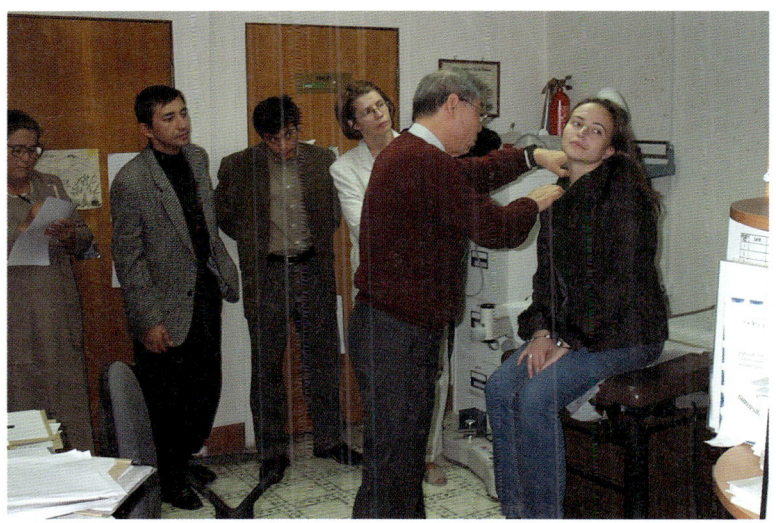

[타슈켄트]
현지인 의사들에게 진료하는 방법을 실습으로 설명해 주고 있다(제2차 초청)

[타슈켄트]
현지인 의사들에게 의학 강의(제2차 초청)

평양 의료 선교

2000년 2월, 꿈에도 그리던 북한에 의료 선교를 갈 수 있었다.

1999년도에 미국에서 콘테이너 두개 가득 의약품을 북한에 보냈는데, 그것이 잘 분배되었는지 알아보기 위해, 뉴욕에 있는 한 집사님이 함께 갈 의사를 두 명 찾다가 내 소문을 듣고 나를 초청한 것이다. 그래서 나와 로스앤젤레스에 있는 또 다른 소아과 의사와 함께 가게 됐다.

베이징에서 북한 입국 수속을 마치고 고려항공 비행기를 타고 순안비행장에 무사히 도착하니, 한 참사관이 밴(van)을 갖고 마중 나왔다. 평양 온도는 영하 8도로 추웠다. 비행장과 평양까지의 거리는 약 24 킬로라 했다.

평양에 도착하여 제일 먼저 한 일은 김일성 동상에 헌화하는 것이라 했다. 안내원이 꽃 파는 곳을 알려 주었다. 꽃다발을 사서 그 발아래 두고 고려호텔로 향했다.

우리가 짐 푼 곳은 고려호텔 제1동 11층, 작은 방이었으나 아주 편했다. 고려호텔은 오직 외국인에게만 사용이 국한돼 있다고 했다. 우리도 다 미국 여권을 갖고 있었으니 외국인 대우를 받은 것이다. 나와 함께한 의사와 둘이 한방을 함께 썼다.

저녁이 되니 원호위원회 부국장과 참사관이 나와 함께 대화를 나누며 저녁 식사를 했다. 된장찌개와 불고기였다. 그들은 아주 친절했고 예의 바르게 우리를 대해 줬다.

아침에 일어나 우리 둘이서 큐티를 하고 밖에 나와보니, 교통 정리하는 젊은 아가씨 모습이 매우 이채로웠다. 오른손에 지휘봉 하나 들고 교통 정리를 하는데 절도 있는 모습이 매우 인상적이었다.

아침 식사는 호텔 아래층에 있는 식당에서 했는데, 뷔페식이었다. 10여 가지 죽이 준비되어 있었는데 나는 팥죽, 달걀, 빵으로 아침 식사를 대신했다.

점심시간이 되어 수행한 모든 일행을 대접하고 싶다고 했더니, 쾌히 승낙해 주어 한 식당에 갔다. 불고기와 냉면을 시키면서 내가 물어봤다.

"여러분, 우리 세 사람은 다 크리스천이고 우리 두 의사는 장로, 총 책임자는 집사임을 다 아시죠?"

그렇다고 했다. 나는 다시 물었다.

"북한에는 종교가 자유라지요?"

역시 그렇다고 했다. 그러면 우리는 두 사람 이상 함께 식사할 때는 꼭 한 사람이 대표기도하고 먹는데, 우리가 기도하고 먹어도 되겠느냐고 물었더니, 물론이라고 했다.

소리를 내서 기도해야 하고 좀 길 수도 있다고 했더니, 그런 건 다 자유라면서 맘대로 기도해도 좋다는 허락을 받았다.

나는 '전도할 기회는 이때다'라고 생각하고 그날 큐티 말씀을 생각하며 북한을 위해, 우리 조국을 위해, 평화와 번영을 위해, 남북 통일을 위해, 주님의 뜻이 이뤄지기 위해 간절히 기도하고, '아멘'했더니 그들도 '아멘'하는 것이다.

그 후부터 우리는 전도할 기회는 이때뿐임을 알고, 매일 점심은 수행하는 모든 사람과 함께 호텔 밖에서 먹으며, 매번 허락을 받고 기도했다. 떠나는 날까지 아무 제재 없이, 또 감정의 상함이 없이 계속했다.

나는 항상 어떤 일이든지 허락을 받고 하는 습성이 있어서, 늘 잊지 않고 물어보고 행동했다.

의료 선교의 성공 비결 중 하나다. 그곳 사정을 잘 모르니 무엇을 할 때 일일이 그들에게 허락받고 행동했더니, 별 문제가 생기지 않는 것을 알게 되었고, 북한에서도 그렇게 한 것이다.

그래서 우리는 항상 소리 내어 기도하고 밥을 먹을 수 있었다. 기도 내용은 무슨 체제 비판이나 정치적인 것은 전혀 없고, 예수 그리스도의 사랑과 우리 민족의 화합을 위한 것들이었다

하루는 평양산원을 방문했다. 우리가 보낸 약품이 잘 진열돼 있었다. 담당 의사의 말이 일단 약품을 선물로 줬으면 사용하는 사람이 어떻게 쓰던 그건 자유가 아니냐며, 또 어디 어디에 썼느냐고 물으면 실례가 아니냐며 불편한 심기를 나타냈다. 틀린 말은 아니었다.

고려호텔에서 하루 지내고 내가 제안하기를 "우리가 소위 선교왔다면서 북한 최고 호텔에서 최고 음식을 먹으며 시민들과 동떨어진 모습은 바람직스럽지 못하니 서민 호텔로 옮기자"고 해서, 즉시 해방산려관으로 옮겼다.

이곳은 북한 사람을 위한 일급 최고 호텔이라고 했다. 그리고 또 무료였다. 시민들에게 무료이니 우리에게도 무료로 준 것이다. 그래서 절약된 돈을 후에 봉수교회에 헌금했다.

해방산려관 방에 들어오니 물이 안 나오고, 조금 있으니 전기가 나갔다. 물 사정이 좋지 않음을 알고, 물이 나올 때 화장실을 위해서 곧 목욕탕에 물을 가득 채워뒀다.

그랬는데 아침이 되니 물이 다 새어 나가 버렸다. 마개를 틀어 막고 해서 다시 물을 채웠더니, 이후로는 아무 탈 없이 잘 쓸 수 있었다. 더운 물은 아침 7-8시, 저녁 8-9시에 나온다고 했다. 그것도 전기가 나가면 쓰지 못했다.

또 여기서는 주는 것만 먹어야 하는데, 그 양이 아주 푸짐했고 아주 좋았다. 좀 더 달라면 더 주며 아주 친절하게 대해 줬다.

평양 도착 3일째 되는 날 아침, 일어나니 6시 반이었다.

우리 둘이 큐티하고 아침 식사하러 갔더니 전기가 나가서 8시 반에 오라했다. 그래서 산책하려고 밖에 나가 대동강다리까지 갔다. 대동강 물은 반쯤 얼어 있었다.

여관으로 되돌아 왔더니 우리를 책임지고 있는 참사관이 우리를 찾고 있었다. 우린 전혀 딴 뜻이 없으니 감시할 필요가 없다고 했지만, 혹시 우리가 길이라도 잃으면 자기 책임이 된다며 앞으로는 꼭 허락을 받고 다니라고 했다. 계획적으로 나간 것이 아니라 그저 시간이 나길래 갔다 온 것 뿐이니, 너무 상심 말고 우리가 딴 짓을 하지 않을테니 우리를 믿으라고 하며 그를 안심시켰다.

아침 식사는 달걀 두 개, 흰 죽, 빵이 나왔다. 식사하는 동안 참사가 말하기를 어제 산원에서 사진 너무 많이 찍어서 사람들이 불쾌해

했다는 것이었다. 약 조금 놓고는 그렇게 사진을 같이 찍어대니, '의사냐, 신문 기자냐'라고 했다는 것이다.

그래서 그 후부터 사진 찍는 일을 자제했다. 쓸데없이 그들을 자극할 필요가 전혀 없기 때문이었다. 나는 아예 사진기를 갖고 가지 않아서, 사진은 한 장도 없다.

오후에는 인민대학술홀을 견학했다. 지하 2층, 지상 8층으로 일억 달러를 들여 지었다고 했다. 수장된 책도 3천만 권이란다.

저녁 식사는 해방산려관에서 만두, 밥, 국, 깍두기 등으로 푸짐하게 먹었다. 아주 좋았다.

다음날 아침, 6시 반에 일어나 함께한 장로님과 큐티를 하고 창밖을 보니 싸락눈이 오고 있었다. 어두움 속에 무엇이 움직이기에 눈여겨 보니 여자들이 빗자루로 눈을 쓸고 있었다.

그날 큐티 말씀은 요한일서 3장 13-24절이었다.

자녀들아 우리가 말과 혀로만 사랑하지 말고 행함과 진실함으로 하자 (요일 3:18).

그날 우리에게 주시는 말씀으로 아주 적절했다. 우리 두 사람은 하루종일 그 말씀대로 사랑을 실행하기로 다짐했다.

아침 식사 후, 그 제일병원으로 향했다. 나는 이비인후과를 찾았고, 함께 간 동료는 소아과 전문의여서 자연히 소아과를 방문했다.

여러 가지 대화를 나누고, 우리 모두 혹시 해서 갖고 다니던 약을 호주머니에서 꺼내 다 전달해 줬다. 항생제, 타이레놀, 기침약, 종합비타민 등.

그곳에서는 환자를 볼 수 없으니 그렇게라도 돕고 싶었다.

다음날은 주님의 날이었다. 우리 둘은 「생명의 삶」으로 매일 아침 큐티를 했다. 그날 말씀은 요한일서 4장 1-12절이었다.

> 사랑하는 자들아 하나님이 이같이 우리를 사랑하셨은즉 우리도 서로 사랑하는 것이 마땅하도다(요일 4:11).

우리도 그대로 적용하자고 다짐했다.
매일 주어지는 「생명의 삶」 큐티 말씀은 그날 그날 우리에게 아주 적절하였다.
아침 식사는 빵과 달걀 두 개, 죽으로 했고 10시에 봉수교회로 향했다. 예배 순서와 내용은 여느 교회나 다른 것이 없었다.
찬송가로 <저 높은 곳을 향하여>를 부를 때, 나는 많이 울었다. 우리 가족이 1.4 후퇴 때, 성진에서 흥남부두를 거쳐 빅토리아호를 타고 거제도로 피난 오면서 우리집은 두 동강이 난 이산가족이 돼서 항상 고향을 그리며 많은 눈물을 흘리며 늘 부르던 찬송이었기 때문이다. 이북에 남겨두고 온 아버지와 누님과 조카 둘 생각이 나서 더욱 눈물이 났던 것이다.
내가 지금 북한에 와 있는데 '왜 우리는 서로 만날 수 없을까'라는 생각이 들어 마음이 몹시 안타까웠다.
봉수교회는 성가대도 지휘자 없이 너무 잘 했고, 여자 10명 남자 5명으로 화음이 아주 좋았다.
우리 일행은 호주머니에 있는 달러를 다 꺼내 헌금했다. 그동안 호텔비를 절약한 것을 모두 헌금했다. 우리가 떠날 때 배웅 나온 성도들은 그 자리에 서서 우리에게 손을 흔들었다. 후에 들으니 그들은 모두 노동당원이었다고 했다.

숙소로 오면서 양각다리를 건너 양각도국제호텔에서 점심 식사했다. 닭고기, 회냉면 등으로 배불리 잘 먹었다. 이 호텔은 40층 건물로 양의 뿌리 모양이라서 그런 이름이 붙었다고 했다.

다음날 아침에 일어나니 마침 뜨거운 물이 나왔다. 우선 목욕부터 하고 큐티를 시작했다. 큐티 말씀은 요한일서 4장 20절이었다.

> 누구든지 하나님을 사랑하노라 하고 그 형제를 미워하면 이는 거짓말하는 자니 보는 바 그 형제를 사랑하지 아니하는 자는 보지 못하는 바 하나님을 사랑할 수 없느니라(요일 4:20).

주옥같은 말씀이었다. 어쩌면 매일 우리 현실에 꼭 맞는 말씀이 계속 주어지는지 신기할 따름이었다. 우리도 그날 이 말씀대로 살자고 다짐했다. 그리고 우리는 소리 높여 기도했다. 당연히 누군가가 우리 방을 엿듣고 있을 것을 짐작하면서, 우리 두 사람은 매일 큐티하며 적용하며 서로 나누었다. 그들을 자극할 만한 말은 할 필요도 없었고, 만일 그들이 듣고 있었으면 전도할 좋은 기회라 생각했다.

떠나기 전날, 호텔 전화국에 들렀더니 전화 한번 해보라고 했다. 한국만 안되고 다른 나라는 다 괜찮다고 하기에 나는 시애틀의 우리 집으로 전화했다.

아내가 받으면서 말해도 괜찮으냐고 물었다. 다 허락받고 하는 것이니 염려 말라고 해도, 아내는 경계하는 목소리여서 몇 마디하고 끊었다.

그날도 그들은 여기저기 역사적인 곳들을 보여줬는데, 가는 길목마다 차를 세워 조사를 받는 모습이 사뭇 살벌했다. 통과를 거절 당한 적은 한 번도 없었으나, 경계하는 눈초리는 아주 진지했다.

일정을 마치고 떠나는 날, 내가 평소 갖고 다니는 진찰 기구 일체를 참사관에게 주고, 가벼운 마음으로 평양을 떠났다.

우리 일행은 다 함께 차에 탔는데 원호위원회 부국장도 동승했다. 차로 비행장으로 가는 중, 그동안의 일을 얘기하면서 나에 대해선 아주 부드럽고 예의 바르게 대해 줬다.

매일 기도하며 점심 식사를 했음에도, 매일 아침 큐티하며 소리 높여 기도했음에도, 거기에 대해선 한마디도 없어서 다행이었다.

한참 가다가 "이걸 보십시오"하며 한 신문을 보여줬다. 그러면서 그곳에 난 신문 기사가 엉터리라고 했다. 내가 보니 바로 전날, 뉴욕 한인신문이었다.

나는 경악하고 말았다. 어떻게 그 신문 원본이 평양에 있는 부국장의 손에 벌써 와있다는 말인가. 그러나 아무 말도 하지 않았다.

부국장은 나더러 한번 더 오라고 하며 우리를 비행기까지 전송했다.

베이징에 무사히 도착한 후, 미국으로 무사히 귀국했다.

제14장

멕시코 의료 선교(미국 목회자들과 함께)
멕시코 와하까(2000.11.13-11.23)

    아내는 여러 해 동안 한 달에 두 번씩 미국인 교회에 가서 성도들과 함께 바느질하는 사역을 도왔다.

    명품 백화점에서 몇 년이 지나도 팔리지 않는 옷을 폐기하는데, 그것을 거두어 가지고 와서 새로 옷을 만드는 작업으로, 10-15명이 각자 자기 미싱을 들고 와서 일했다.

    특히, 멕시코에서 선교하는 선교사들을 돕기 위한 클럽이었다. 도시락을 서로 나누어 먹으며 교제했고 기쁨으로 봉사하는 바느질 선교 클럽(Sawing Mission club)으로, 아내는 그곳에서 꾸준히 봉사했다.

    어느 날, 그 그룹의 리더가 아내에게 자기 교회 목사님들 여러 명이 멕시코 목사들의 영성 훈련을 위해 와하까로 가는데, 혹시 Dr. Kim도 함께 가서 의료 선교를 할 수 있었겠냐고 해서, 나는 여나 다름없이 이것이 주님의 뜻인지 기도에 들어갔다.

    기도 응답은 직접 받지 못했으나, 내 마음은 가고 싶어서 아내와 함께 약 가방을 여러 개 만들어서 그들을 따라갔다.

처음으로 미국 사람들과 함께 숙식을 하게 되니, 자연히 그들의 생활 습성이 궁금했다. 그곳에 도착하자마자 제일 먼저 한 일은 앞으로 할 일들을 분담하는 것이었다. 우선 화장실 청소 담당 두 명을 선정하였다. 그다음 두 명에게는 설거지를 맡겼다. 즉, 입에 들어가는 것과 뒤로 나오는 것을 얼마나 위생적으로 처리하느냐에 중점을 두는 듯했다. 역시 선진국 국민다웠다.

우리 내외에겐 한 방이 허락되어 약 가방을 풀고 정리하며 의료 선교 준비를 했다.

함께 간 목사님들과 성도들은 멕시코 현지 목사님들에게 영성 훈련하는 것이 그 목적이어서 그들이 머물 수 있는 침대를 꾸미는 등 모두 열심히 일했다.

내가 할 일은 환자 보는 것이었다. 매일 아침 현지 미국 선교사 한 사람이 와서 우리를 태워 시내 빈민 구역으로 데려다 줬다. 아내는 간호사로, 미국 선교사는 통역관으로 온종일 수십 명씩 환자를 진료했다. 설사 위험이 있어서 점심은 먹지 않았다.

그러던 어느 날, 예전과 마찬가지로 온종일 환자를 봤는데 너무 많이 와서 저녁 늦게까지 어둡도록 계속했다.

결국, 다 마치고 선교사가 우리를 숙소에 내려놓고 가버렸다. 그런데 이게 웬일인가 … 부엌과 식당은 인기척이 없이 캄캄했고 모두 치워 놓고 각자 숙소로 가버려서 먹을 것도 찾을 수 없었다. 그렇다고 다른 사람을 깨울 수도 없고, 무엇이 어디 있는지도 모르겠고 해서 다시 우리 방으로 돌아왔다.

온종일 아무것도 못 먹고 고된 일을 하고 왔으니, 배가 매우 고팠다. 가방을 뒤져보니 사탕밖에 없었다. 그토록 피곤했는데도 배가 고

프니 잠이 잘 으지 않았다.

세계 의료 선교하면서 온종일 굶은 것은 이것이 두 번째였다. 태풍을 만난 바부다에서 처음 겪었고, 이번이 그다음이었다.

아침이 되어 밖에 나가 바나나를 한 다발 사서 내 방에 갖다 뒀다. 그 후부터 나는 선교를 갈 때마다 가방에 항상 건빵 한 봉투씩 갖고 다녔다. 응급 음식으로는 건빵이 최적이었다. 건빵은 간식으로, 또 밤참으로 좋았고, 아주 든든하고 좋은 선교 음식이 되었다.

얼마 후, 현지 미국 선교사 두 명이 우리 내외를 데리고 비포장도로를 한참 달리더니, 한 깊은 산골 인디언 촌에 도착했다.

그곳 사람들은 스페인어를 쓰지 않고 현지 인디언 말을 썼다. 그래서 환자 하나 보려면 세 번 번역해야 했다. "무엇을 도와드릴까요"라고 영어로 물으던 선교사가 스페인어로 반복하고, 교회 현지인 목사님이 현지 인디언 말로 통역했다. 대답도 또 세 번 번역해야만 알아들을 수 있었다. 시간이 엄청 많이 든다는 사실을 깨닫고 내 주특기인 기도를 마음 속으로 계속했다.

'주님, 그들의 어려움을 즉시 알 수 있게 지혜를 허락해 주옵소서.'

기도 응답을 받은 듯, 즈금 후부터는 여러 말 묻지 않고도 그들의 질환을 찾아낼 수 있어서 많은 환자를 충분히 상담할 수 있었다.

오후가 되어, 한 어머니가 8살 된 한 사내아이를 데리고 그 아이 삼촌과 함께 왔다. 멕시코 인디언 원주민이었다. 이 아이는 바보 천치라며, 그 삼촌은 깔깔대며 아이를 조롱하였다.

내가 진찰하는 동안 계속해서 "그것 보라"고 하며 그 아이는 가망 없다고 말했다. 일단 그에게 조용히 하라고 하고 아기를 진찰해 보니, 선천성 난청, 즉 잘 못 듣는 귀를 갖고 태어난 것을 알 수 있었다.

특히, 고음이 잘 들리지 않으니, 말소리는 들으나 자음이 안 들리므로 그 뜻을 알 수 없어서, 묻는 말에 항상 동문서답을 하는 바람에 바보 취급을 받은 것이다.

진찰하는 과정에서 그 남자아이는 너무도 총명하다는 것을 알게 됐고, 단지 선천성 난청으로 태어나서 말소리는 들리나 그 뜻을 알지 못한 것뿐이라는 것을 알았다.

예를 들어, 영어로 "west"라고 하면 S자가 들리지 않아 "wet"으로 들리는데, "west"와 "wet"은 전혀 다른 말이므로 의사 소통을 할 수 없었던 것이지 전혀 바보가 아니었다.

나는 이 아이가 바보가 아니고 얼마나 총명한가를 그들에게 증명해 주어야겠다고 생각했다. 우선, 아이를 내 무릎에 앉히고 그동안 몇 마디 말밖에 못 하던 그 아이에게 내 입술을 보라고 하며, 보통 음성으로 "싸바도"(sabado), 즉 토요일이라는 어려운 스페인 단어를 말했다. 나는 난청환자들과도 절대로 음성을 높이지 않고도 대화할 수 있는 귀 전문 의사였기 때문이다.

그 말을 들은 아이는 서슴지 않고 "싸바도"를 정확하게 복창했다. 연거푸 "도밍고"(domingo) 했더니, 아이는 즉시 "도밍고"라며 따라 했다.

순간 그런 어려운 말을 할 수 있다고 꿈에도 기대하지 못했던 삼촌이 입을 크게 벌리며 숙연해졌다. 더욱 놀란 것은 아이의 어머니였다. 한 가닥의 희망 품고 나에게 왔던 어머니는 결코 '내 아이는 바보가 아니었구나' 하며 급기야 눈물을 흘리기 시작했다.

기쁨의 눈물이었다.

짧은 문장도 조용한 음성으로 말해 주니 아이는 잘 따라 했다. 내 입술을 보기 때문이었다. 그러나 그 아이를 돌려 앉혀 내 입술을 보지 못하게 하고 같은 음성으로 같은 말을 하면, 전혀 알아듣지 못했다. 자음을 듣지 못하기 때문이었다. 아이에게 필요한 것은 보청기였다.

그러나 돈이 없으니 말해봐야 무엇하랴?

그래서 그 엄마와 삼촌에게 앞으로 보청기 없이도 어떻게 대화해야 하는지 방법을 가르쳐 줬다. 꼭 서로 마주 보아야 하며 입술을 보며, 내가 하듯 조용히 천천히 또박또박 한 단어씩 말하면 아이는 거의 90% 이상 알아들을 것이라고 알려줬다. 그렇게 하면 그동안 밀린 말을 곧 따라잡을 수 있을 것이라며 희망을 주었다.

더불어 절대로 소리 지르지 말 것을 강조했다. 왜냐하면, 저음은 잘 들으니 소리를 지르면 귀가 아프기 때문이다. 그리고 자음을 위해 항상 아이에게 엄마의 입술을 쳐다보며 가르치라고 했다. 그 아이와 대화할 때는, 될 수 있는 한 주위의 소음을 제거하고 또 텔레비전을 꺼야 한다는 것도 알려줬다. 그런 소리는 자음을 흡수하기 때문에 아이는 전혀 알아들을 수 없다고 했다.

그리고 조금 틀렸다고 절대로 웃지 말 것을 강조했다. 아이들은 감수성이 예민해서, 곧 내성적으로 될 가능성이 있기 때문이다. 잘하면 칭찬을 아끼지 말 것도 당부했다.

이런 사실을 그와 함께 지내는 모든 사람과 동무들에게도 알려, 그 아이와 어떻게 대화해야 하는지를 가르쳐 줘야만 한다고 강조했다. 문제는 그 아이가 아니라 인내심이 부족한 주위 사람들인 것이다.

그러면서 예수님을 믿고 소망을 갖고 살라고 했다. 그리고 지금 통역하고 있는 현지 목사님과 후에 성경 말씀을 나눠 보라고 했다.

물론, 보청기나 인공와우 수술(cochlear implant) 같은 것이 있으나 그날그날 힘들게 먹고 살아가는 그들에게 그런 말은 오히려 부담될 수 있어서, 후에 통역을 맡은 그 교회 목사님에게만 알려줬다. 그러면서 어디 중고품 보청기를 하나 내지 두 개를 얻을 수 있으면 많은 도움이 될 것이라고 했다.

누가복음 10장에 있는 예수님의 명령에 따라, 멕시코에 가서 그 바보(?) 아이를 만나게 해주시고 올바른 진단으로 오해를 풀어 주고 가족에게 기쁨과 소망을 주며 복음을 전파한 것이다. 병든 사람들에게 희망을 주며 예수님을 믿고 마음의 평강을 얻게 하는 'Healing Ministry'가 내가 하고 싶은 선교였다.

사실, 이 이야기는 그때 통역을 담당했던 두 미국 선교사가 각자 자기 교회에서 간증하는 것을 성도들이 듣고 내 귀에까지 전해진 스토리였다.

당시 그 진료실 내의 분위기를 잘 관찰한 그들도 큰 은혜를 받았다고 했다. 그뿐 아니라, 그곳에 있던 모든 사람, 어머니, 삼촌, 현지인 목사까지 모두 크게 감동하였다고 했다. 바보 천치가 오히려 지극히 정상적이며 총명한 아이로 재탄생하는 순간인 것 같다고 증언했다고 했다.

그날 밤 우리는 모두 교회에서 자야만 했다.

그곳에는 우리가 유숙할 방이 없었던 것 같았다. 선교사들은 시멘트 바닥에서 잤지만, 우리 내외는 선교를 위해 아내가 항상 갖고 다니는 일인용 모기장을 치고, 옷을 다 입은 채 긴 나무 의자에서 누워 잤다. 모두 보며 부러워했다.

청력 장애 스토리는 듣다.

비슷한 실례로 1997년 인도에 갔을 때 15살 된 농아를 데리고 그의 부모가 찾아 왔다. 이 아이는 바보라면서 한번 진찰해 달라고 했다. 여러 가지 검사하는 과정에서 그 아이가 영리하다는 것을 곧 알게 됐다. 이 총명한 아이는 선천성 농아였다. 태어날 때부터 듣지 못하니 자연히 말을 할 수 없었다.

바보가 아니라는 내 말에 부모의 눈에서 눈물이 흐르기 시작했다. 나는 현지 수화언어(Sign Language)를 배워 사용하라고 권면했다. 그 아이뿐만이 아니고 주위에서 함께 생활하는 모든 사람이 그 아이를 위해 수화언어를 배워야 한다고 강조했다.

치료는 그 아이뿐 아니라 함께 사는 모든 사람이 동참해야 한다. 인공와우 수술이 가능하지만, 돈 없는 그들에게 그것은 좋은 소식이 될 수 없었다.

내 가슴이 매우 아팠다. 그래서 그들에게 말했다. "나는 예수 믿는 사람인데 이 아이를 위해 짧게 기도해도 되겠냐"고 했더니 고맙다고 두 손 모아 합장하면서 승낙했다. 그의 귀를 잡고 하나님께 간절히 기도했다. 울면서 기도했다. 그러면서 안아 주고 싶다고 했더니, 즉시 알아차리고 나를 꼭 껴안는 것이었다.

청력 문제는 가는 곳마다 있었다.

강원도 정선에서였다. 그곳은 석탄 광산으로 유명했다. 한 교회에서 나를 초청해서 선교했는데, 하루는 한 중년 남자가 귀가 잘 들리지 않으니 진찰해 달라고 했다. 양 귓구멍에 귀지와 함께 석탄 가루로 꽉 차 있었다. 그러니 못 들을 수밖에 없었다.

여러 사람의 도움으로 씻어내리려고 했는데, 워낙 말라 있고 꽉 끼어서 나오질 않았다. 귀지를 묽게 만드는 약을 잔뜩 부어 넣고 거의 두 시간이나 걸려 드디어 귀지를 완전히 제거할 수 있었다.

즉시, 그 환자는 세상 소리가 너무 크다며 조용히 말하라고 했다. 조금 전까지만 해도 잘 안 들린다며 크게 말하라고 하던 사람이 이제는 귀가 아프니 조용히 말하라고 하는 것이다.

이 환자를 위해 네 명의 도우미들이 서로 도왔는데, 그 결과를 보고 모두 기뻐했다. 그 후 그곳에서만 꼭 같은 환자를 두 명 더 봤었다.

또 인도에서의 일도 있다.

귀가 잘 들리지 않는다는 아이를 엄마가 데리고 왔다. 진찰해 보니 양 귀에 만성 중이염으로 고름이 꽉 차 있었고, 정도가 아주 심한 상태였다. 고름을 깨끗이 닦아 주고, 귀에 넣는 항생제 물약을 잔뜩 주고, 또 한 달 치 고단위 항생제를 충분히 주면서 약이 다 떨어질 때까지 귀에 절대로 물을 넣지 말라고 주의를 줬다.

특히, 샤워할 때 주의를 기울일 것을 주문했다. 2주 정도 치료하면 깨끗이 나을 것이므로, 가까운 이비인후과 전문의에게 진찰 받으라고 했다.

멕시코에는 위장병, 피부염이 많았고 그 외 어디서나 볼 수 있는 여러 가지 다양한 병이었다. 우리 내외는 미국 선교사들과 함께 끝마치는 날까지 열심히 환자들을 돕고 그곳을 떠났다. 그들은 또 함께 일하고 싶다고 말했다.

아프리카 의료 선교
(2002.7.24- 8.15)

시애틀 온누리교회에 다닐 때 우리 벨뷰 구역에 이 집사 부부가 있었다. 옛날 다른 지역에 살고 있을 때 섬겼던 담임목사님 내외분이 방문한다면서 자기 집에 우리 내외를 초청했다. 그 담임목사님과 이 집사 부인과는 신학대학교 동기 동창이었다고 한다. 그 목사님과 헤어진 지 여러 해가 되었는데, 이제는 미국에서 파송된 선교사로 아프리카 탄자니아에서 신학교를 세워 신학생을 교육하는 사역을 하고 있다고 했다.

그 선교사와 그동안 있었던 여러 가지 일을 이야기하던 중, 의료 선교 얘기가 나오기 시작했다. 그동안 나는 매일 '다음 선교지는 어디입니까' 하며 기도 중이었으므로 귀가 번쩍 뜨이기 시작했다.

이 집사 부부는 그곳에 선교 가고 싶은데 나와 함께 갈 수 없겠느냐고 물었다. 내가 할 일은 무엇이냐고 물었더니, 물론 의료 선교라고 했다. 그것도 그럴 것이 이 집사 부부는 우리 구역 식구여서 선교 후에는 늘 조금씩 경험담을 나누다 보니, 나의 의료 선교에 대해 잘 알고 있었던 터라, 이런 일도 나를 자기 집에 초청해서 그 선교사와 만나게 해준 것이었다.

　나는 쾌히 승낙했다. 거기는 바나나가 많다던데 그러냐고 물었더니 여기서 먹는 것에 비하면 10배 더 맛이 있다고 했다. 외국에서는 덜 익은 것을 따서 숙성시켜 파는데, 그곳에는 익은 것을 매일 나무에서 직접 따서 팔기 때문에 그 맛이 최고라는 것이다.

　바나나는 그곳 사람들의 주식이므로, 값이 아주 싸고 어디 가나 있다는 것이다. 100불이면 얼마나 많이 살 수 있느냐고 물었더니, 하루에 10개씩, 세 사람이 한 달 내내 먹고도 남을 것이라 했다. 우리 세 사람 점심을 바나나 10개로 하면 한 달간의 점심이 해결되겠다고 생각하고, 내 지갑을 탈탈 털어 100불을 꺼내 주며 한 달 동안의 점심 식사를 바나나로 하게 해 달라고 했다.

　이렇게 해서 탄자니아 의료 선교가 결정됐다. 이 집사 부부와 나는 의약품 등 만반의 준비를 하고 떠났다. 멀고도 먼 여정이었고, 비행기 삯도 엄청나게 비쌌다. 나는 보통 성수기를 피해 4월 전이나 9월 후에 다녔는데, 이번에는 그들의 계획에 맞출 수밖에 없었다. 그의 아이들의 방학 동안만 시간이 주어지기 때문에 어쩔 수 없었다.

　도착한 곳은 다르에스살람(Dar es Salaam)국제공항이었다. 마중 나온 선교사님의 차를 타고 한참 걸려 탕가(Tanga)에 있는 그의 사택에 짐을 풀었다.

　그 도시 앞바다 건너에는 유명한 노예 시장이었던 잔지바르(Zanzibar) 섬이 있었다. 영국 사람들이 총을 가지고 평화로이 살아가는 아프리카 사람들에게 가서, 젊은 남자들을 강제로 끌어다가 그 섬에 가두고 미국에 노예로 판매했던 곳이란다.

그곳이 바로 후에 회개하고 <나 같은 죄인 살리신>을 작사한 존 뉴턴(John Newton)이 노예 매매를 하던 장소였다고 했다.

그 도시에는 기독교인과 무슬림이 반반이라 했다. 선교 중 무슬림이 극성을 부려 자유로이 간증하고 전도할 수가 없었다. 환자를 보기 시작하면 항상 무슬림이 두 명씩 뒤에 서서 지켜보고 있었다고 들었다. 그러나 나를 통역한 사람은 바로 사모님이어서 지혜롭게 위기를 여러 번 모면할 수 있었다는 것이다.

길은 대부분 비포장도로라 차가 지나가면 먼지투성이였다. 60년대 이전 한국의 모습과 비슷했다. 길에는 차가 별로 없었고, 사람들은 대부분 걸어 다녔다.

사모님은 현지어를 어찌나 잘하시는지 통역이 200점 만점이었다. 또 끝나면 식사 준비하느라 얼마나 바쁜 나날을 보냈는지 모른다. 그러면서도 한 순간도 얼굴에 웃음을 잃은 적이 없고, 미소와 친절함과 겸손이 몸에 배어 있었다. 나는 감탄할 수밖에 없었다. 그야말로 기쁨으로 헌신하는 사모님이었다. 이 집사님 내외분은 내 간호사로 또 약사로 도왔다.

어느 날, 환자를 보는데 파리떼가 극성을 부렸다. 알고 봤더니 한 100미터 근처에 쓰레기장이 있어서 그런 것이었다.

많은 어려움이 있었지만 우리 모두 인내하며 열심히 진료했다. 이 집사님이 계속 부채질해 줘서 무더운 날씨를 견딜 수 있었다.

그날 오후 진료가 시작됐는데 드디어 성령님이 특진 환자를 보내 주셨다. 50대 남자로 한쪽 광대뼈와 얼굴이 많이 부어 있었다. 나는 즉시 부비동암(paranasal sinus cancer)임을 알 수 있었다. 방사선 치료 외에 다른 치료가 불가능했다. 목 림프샘에 전이된, 너무 많이 진전된 말기 암 환자였다. 방사선 치료로도 완치는 기대하기 어려울 정도였고, 통계상 6개월을 넘기기 어려울 것 같이 보였다.

그래서 환자에게 종교가 뭐냐고 했더니 무슬림이라고 했다. "우리는 다 크리스천들인데 당신을 위해 우리식으로 기도를 해드려도 되겠냐"라고 물었더니 아주 기뻐하며 허락했다.

그래서 우리 선교사님을 모셔 와서 기도를 부탁했다. 내 설명을 듣더니 모두 다 그 환자에게 안수하라고 하며, 선교사님은 환부에 손을 대고 정말 간절히 기도했다. 그 환자도 눈물을 흘리며 함께 기도했다.

우리의 선교 사역은 영적 사역에 초점을 두었고, 아무리 무슬림 국가고 아무리 종교가 다르지만, 전도의 기회가 있으면 담대히 기도해 줘도 좋으냐고 물어보고 전도했다.

하루는 한 시골 마을로 갔다. 진료할 장소가 없었다. 조금 있더니 현지인들이 굳어버린 진흙땅에 구멍을 내고 나뭇가지를 꽂아 침대 시트 같은 것으로 덮으니 훌륭한 야외 진료소가 되었다. 바람이 자유롭게 통과하니 덥지도 않아 좋았는데 아이들이 구경하려고 달려들어 같은 방법으로 울타리를 즉시 만들었다.

어렵게 간이 진료소를 만들고 환자를 보기 시작했다. 더운 곳이어서 피부병이 많아서 갖고 간 피부약을 듬뿍 주고 왔다. 예상과 달리 영양실조 아동은 별로 보이지 않았다. 물론, 비만증 환자는 한 명도 보지 못했고 어느 나라에나 있는 다양한 질병을 갖고 있었다.

우리 점심은 매일 바나나였고 또 최고의 음식이었다. 어찌나 맛이 있던지 매일 먹었는데도 싫지 않았다.

식사 후 잠시 휴식하는 동안 나는 여느 때와 마찬가지로 잠을 한 15분 자야 했다. 하늘을 쳐다보며 자는 기분이 묘했다. 잠자고 나니 내 정신이 많아지고 머리도 잘 돌아가 진료 속도가 빨라졌다.

어느 날은 내가 아침 일찍 일어나게 돼서 조용히 밖에 나가 산책을 즐겼다. 아침 조깅에 나선 것이다. 나가 보니 보이는 것은 다 바나나 나무들이었다.

킹코브라가 많다고 해서 조심스럽게 한 바퀴 돌고 집으로 오는데 선교사가 차를 몰고 나를 찾아 다니고 있었다. 나를 보더니 기뻐하면서 말하기를, 다시는 혼자 다니지 말라는 것이다. 탕가는 위험한 곳이고 어디서 어떤 봉변을 당할지 모른다며 주의를 주었다. "모르면 용감하다"는 말이 생각났다.

어느 날, 선교사님이 세운 신학생들에게 건강 강의를 부탁을 받았다. '무엇을 어떻게 강의할까' 생각하던 끝에 그곳 사람들의 주식인 바나나에 관해 토론해 보기로 했다. 그날 통역을 맡은 사람은 한 50대 현지인 목사로 영어 실력은 그곳에서 그를 따를 자가 없다고 했다. 어찌나 통역을 잘 하는지 내가 감동할 정도였다.

그런데 강의를 마친 후 더더욱 감동한 사람은 그 목사였다고 고백했다. 자기 동족의 주식이 그렇게 좋은 음식인지 꿈에도 몰랐다며 앞으로 그 강의 내용을 자기 교회에서 설교하겠다고 하며, 또 한 번 더 강의해 달라고 했다. 그래서 그 현지인 목사님의 요청으로 신학생 강의를 한 번 더 했는데, 그때도 거침없이 통역해서 이번에도 내가 오히려 감동하였다. 이런 것이 나의 가르치는 선교(Teaching Ministry) 중의 하나였다.

그곳에는 내가 전에 보지 못하던 특이한 나무가 있었는데, 바오밥 나무(baobab tree)였다. 아주 큰 나무줄기 위에 나뭇가지가 좀 붙어 있는 나무로 옛날 아프리카 선교사 리빙스턴이 죽었을 때 그곳 사람들이 그를 추모하면서, 심장은 그가 죽은 그 장소에 있는 바오밥나무 뿌리 옆에 묻고, 시체는 나무 위에서 말려 영국으로 보냈다고 했다.

그 줄기 안에는 아무리 가뭄이 와도 견딜만한 물이 항상 저장돼 있다고 하니, 하나님의 신묘막측한 창조물임에 틀림이 없었다.

아프리카에 가려면 여러 가지 예방 주사를 맞아야 했는데 그 값도 엄청났다. 뿐만 아니라, 아프리카에 있는 동안 항상 말라리아 예방약을 먹어야 했다. 선교사들도 말라리아에 네 번 이상 걸리면 철수해야 한다며, 그곳에는 말라리아 환자들이 많다고 했다. 우리 일행은 그런 일이 없어서 다행이었다.

또 하나 특이한 것은 시내를 벗어나 가는 곳마다 여기저기 개미 언덕(Ants Mounds)이 보였다. 보통 높이가 사람 키 두 배 이상에서 어떤 것은 네 배 정도 되는데, 모두 개미들이 만든 것이라 했다. 한눈에 보이는 것만도 수십 개였다. 어떻게 개미가 그토록 크고 높게 흙을 쌓아 올릴 수 있는지 신기하기만 했다. 다행히도 킹코브라는 한 마리도 보지 못했다. 멀지 않은 곳에 킬리만자로산(Mount Kilimanjaro)이 있다고 들었으나, 가볼 생각도 없었지만 그럴 시간도 없었다.

우리 일행은 선교를 무사히 마치고 예정된 날 귀가했다.

[탄자니아 한 열악한 시골 교회에서]
바닥은 진흙, 의자는 통나무. 피부병 환자 등 다양한 환자들이 많았다.

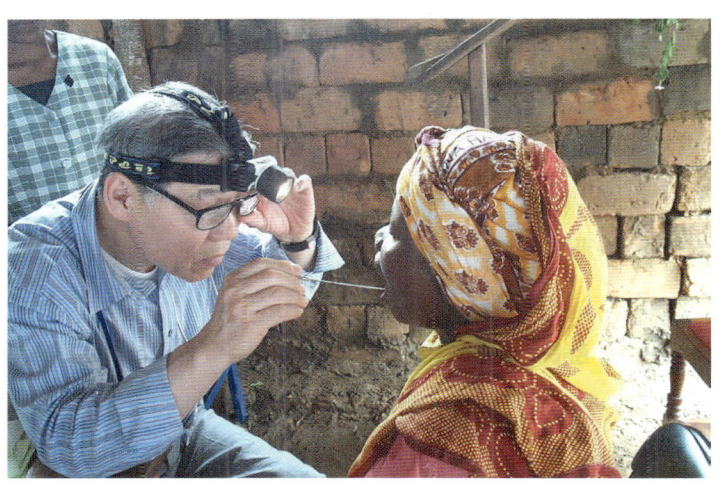

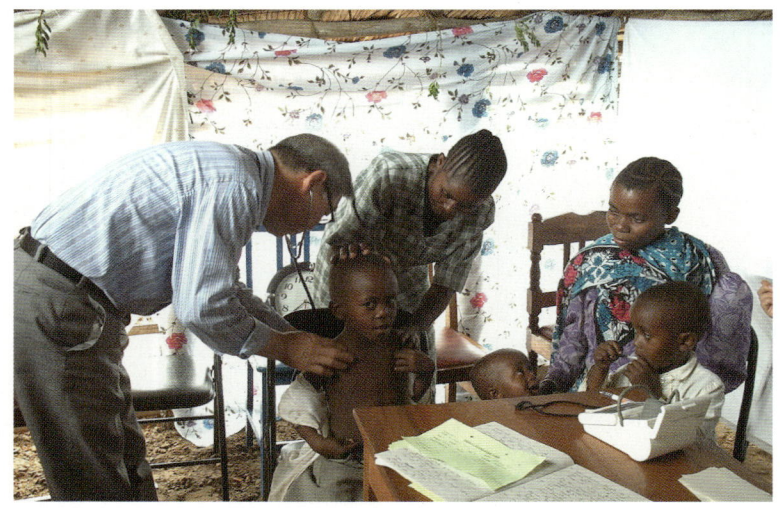

[탄자니아에서]
한 엄마가 아이 셋을 데리고 와서 모두 진료해 주었다.

제15장 아프리카 의료 선교 147

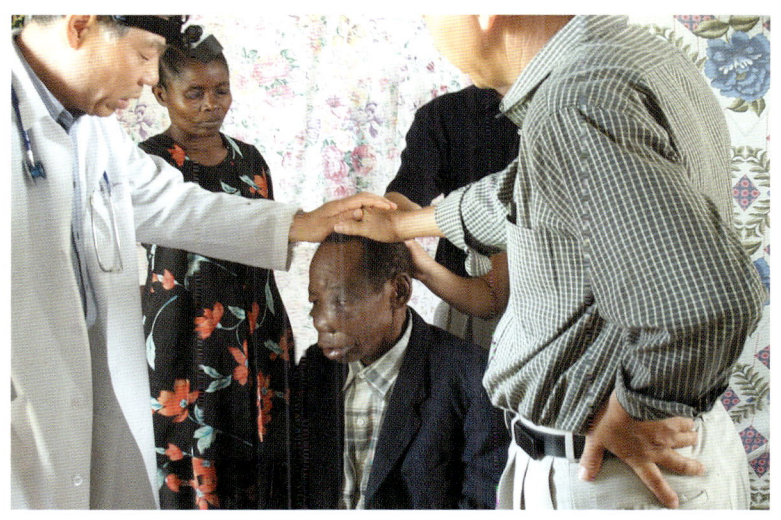

[탄자니아에서]
말기 암 환자를 위한 선교사님의 간곡한 기도와 합심 기도하는 사람들의 모습.

[탄자니아에서 진료 중 한 응급 환자 치료하는 모습]
아주 드물게 있는 일로 응급 처치 준비가 되어 있지 않은 상태에서 항상 당황했지만,
기도와 성령님의 도움으로 극복할 수 있었다.

제15장 아프리카 의료 선교

[탄자니아 시골 교회]

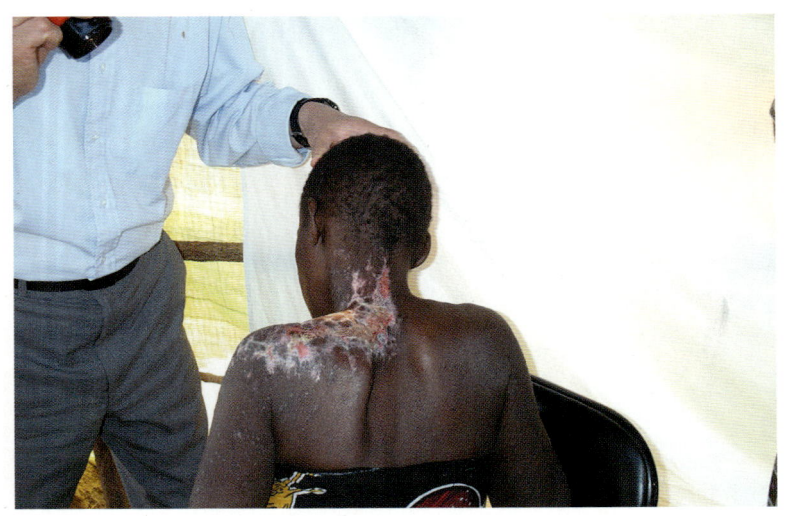

[탄자니아]
피부병 환자들이 많아서 갖고 간 항생제 연고가 인기였다.

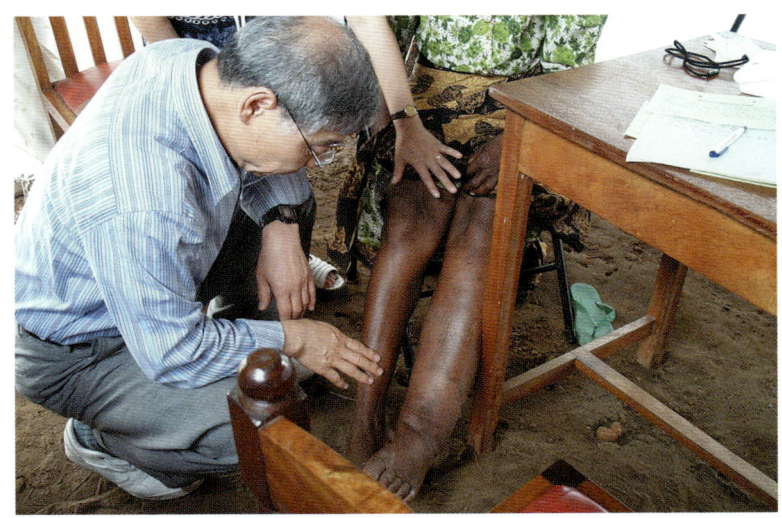

[탄자니아 한 시골 교회]
Elephant leg 환자. 내 평생 처음 보는 희귀한 환자. 모기로 전염된 기생충이 임파선을 막아 다리가 붓는 병. lymphatic filariasis라고 한다. filaria는 기생충 이름이다.

제16장

제1차 울릉도 선교(태풍 매미)
울릉도 의료 선교(2003.9.16)

매해 강원도 의료 선교를 계속하다 보니, 울릉도에서도 내 소문을 듣고 초청해 왔다. 문대식 목사님과 상의해, 이번 의료 선교는 우선 울릉도부터 시작하기로 하고 계획을 세웠다.

시애틀에서 출발해서 서울에 도착하니 누님이 보고 싶다고 해서 함께 냉면으로 식사하며 즐겁게 지냈다.

그리고 나는 강원도 삼척으로 가는 버스를 탔다. 가는 도중 내가 먹은 냉면이 좀 상했던지 배가 아프고 설사가 나기 시작했다. 삼척에 도착한 후에도 설사는 계속됐고 점점 더 심해지는 것 같았다. 숙소에서도 밤새 화장실을 들락거리며 밤을 꼬박 새웠다. 선교지에 올 때, 갖고 다니는 옷은 한정돼 있어서 빨아 입어야만 했다. 설사하고 빨고를 거듭하느라 밤새 한잠도 자지 못했다.

아침이 되니 문 목사님이 와서 배가 곧 뜬다며 서두르라고 했다. 급히 약 가방을 챙겨서 동해 묵호로 가서 울릉도 여객선을 탔다. 짐은 다 합치니 여섯 개가 됐다. 목사님과 집사님들이 도와서 쉽게 선적할 수 있었다.

여객선은 쾌속정이었다. 옛날 같으면 울릉도까지 5시간 걸리던 것이 이제는 3시간밖에 안 걸리는데, 그날은 이틀 전 태풍 매미로 인해 바람과 파도가 심해서 5시간 가야 한다고 선장이 방송하였다.

항구를 떠나 한 10분 되니 파도가 일기 시작했다. 나는 계속되는 설사로 화장실에 자주 드나들었다. 파고가 5미터가 되니, 쾌속정이라 5미터 파도 위로 올라갔다가 그대로 떨어지기를 반복했다. 모든 승객이 다 아우성치며 바닥에 드러누웠다.

설상가상으로 나는 화장실에 앉아 파도와 함께 올랐다, 떨어졌다를 계속하니 고통이 이루 말할 수 없었다. 이럴 때 내가 할 수 있는 것은 기도뿐이었다. 창가에 앉아 간절히 기도했다.

'제가 주님이 가시고자 하는 곳에 주님 대신에 간다고 믿고 여기까지 왔는데 이 어찌 된 일입니까. 설사에, 뱃멀미에 너무 고통스럽습니다. 도와주십시오. 이제 기진할까 두렵습니다.'

기도를 시작한 지 몇 분 지나지 않아 내 기억이 완전히 사라졌다. 그때, 내 귀에 가느다랗게 무슨 소리가 들리는 것 같았다.

가만히 들어보니 "이제 30분 후면 울릉도 도동항에 도착합니다"라는 기내 방송이었다. 울릉도에 도착하려면 파도 때문에 5시간 걸린다고 했는데, 그럴 리가 없다고 생각하며 내 귀를 의심했다.

창밖을 내다보니 과연 섬이 하나 보이는 것이다. 바다는 완전히 잔잔해졌고 승객들도 모두 앉아 있었다. 조금 있으니 우리 여객선은 도동항에 무사히 도착했다.

그동안 무슨 일이 내게 생겼단 말인가?

나도 모른다. 아마 성령님께서 나를 잠재워 주셨던 것 같았다. 그러니 거의 네 시간 동안 의자에 앉은 채로 깊은 잠에 빠졌다. 깨어나 보니 설사도 멎고 뱃멀미도 말끔히 사라졌다. 내 기도에 응답해 주신 하나님께 감사했다.

나는 짐이 여러 개였으므로, 마중 나온 사람들의 도움으로 '천천히 하선해야지' 하며 모든 승객이 하선할 때까지 기다렸다. 그런데 아무도 나타나지 않았다.

그래서 하선하던 젊은이들에게 짐을 부탁하며 서두르다가 사고를 당했다. 텔레비전을 받치는 틀에 내 머리 꼭대기를 찍은 것이다. 피가 철철 흘렀다. 손수건으로 감싸 쥐고 지혈하며 나도 하선했다.

승객은 하나둘 다 흩어졌고, 나는 홀로 여섯 개의 의약품 짐 위에 앉아 누가 마중 나오기를 기다렸다. 아는 사람이 전혀 없는 그곳에서 미아가 된 기분이었다. 머리에는 피가 흐르고 있었고, 누가 꼭 오리라 믿었는데 실망이 컸다.

그렇게 한 시간이 지났을까 멀리서 여러 명이 다가오더니 의료 선교하러 온 사람이냐고 물었다. 그렇다고 했더니 자기들은 포항노회에 참석했다가 지금에야 하선했다며 좀 늦어 미안하다고 했다.

'좀 늦어?'

나는 우선 병원으로 가자고 했다. 그곳에는 병원은 없고 보건소가 있었다. 한 젊은 의사가 있어서 다행이었다. 대화하는 중 내가 두경부외과 의사라는 것을 알고 즉시 친해졌다. 인턴을 마친지 일 년이 됐다면서 나에게 좀 배우고 싶다고 하기에 봉합 수술의 원칙을 가르쳐 줬다.

열 바늘 꿰맸다고 했다. 치료를 마치고 보니 깊게 찢어진 상처가 V자 모양이었다. 사탄은 날 실망하게 하려 했으나, 성령님은 승리로 극복하게 해주셨다고 생각했다.

후에 이 모든 일을 들은 삼척의 문 목사님은 크게 실망했다고 하며, 초행길이라 두세 번 거듭 부탁했는데 어찌 그럴 수가 있느냐고 했다. 그러나 나는 한마디 불평도 하지 않고 묵묵히 그곳에서 의료 선교를 시작했다.

선교지에서는 범사에 인내하며 절대 화내지 말 것!

인도 공항에서는 12시간 기다린 적도 있으니 거기에 비하면 아무것도 아니었다.

도동에서 이틀, 저동에서 이틀 진료하고, 천부로 가야 하는데 태풍 매미로 인해 길이 막혀서 갈 수 없단다. 그러니 산을 넘어서 가야 한다는 것이다.

저동교회에서 한 집사님이 나와 내 짐을 자기 트럭에 싣고, 또 한 사람과 함께 산을 넘게 됐는데, 이때 나는 죽는 줄 알았다. 좁은 산길인데, 그것도 꼬불꼬불해서 모퉁이를 돌 때마다 십년감수하는 것 같았다. 수동 기어를 썼는데 전진, 후진, 전진, 후진해야 겨우 한 구비를 지날 수 있었는데, 그것도 옆에 앉은 친구와 웃고 이야기하며 운전하는 것이 어찌나 불안하게 보이던지 …

산을 깎아 만든 도로 옆을 보니 천길 낭떠러지여서 잘못하면 굴러 떨어질 수 있다고 생각해서 눈 감고 갔다. 수십 개의 모퉁이를 돌고 돌아, 드디어 산은 무사히 넘었는데 거기도 태풍 피해로 길이 모두 파손되어 있었다.

더는 갈 수 없게 된 것이다. 그런데 감사하게도 천부교회 목사님과 집사님들이 이미 알고 마중 나와 있었다. 각자 짐을 하나씩 메고 흙탕 길을 한참 걸어 도로변에 세워둔 차에 도착했다. 겨우 천부에 도착하니 이미 어둑어둑해졌다.

온종일 아슬아슬한 선교 여행이었다. 무사히 목적지에 도착하게 해주신 하나님께 감사했다.

그러고 보니 이번 울릉도 의료 선교는 고난의 행군 자체였다. 설사, 뱃멀미, 찢어진 머리, 하염없이 기다리던 선착장, 위태로운 산 고갯길 운전 등등 어려움의 연속이었다.

그래도 천부교회 목사님의 배려로 한 민박집에 짐을 풀었다. 하루 방값이 4만 원밖에 안되어서, 떠나는 날 모두 지급하고 떠났다.

다음 날부터 천부교회에서 여러 명의 집사님의 도움으로 아주 기쁘고 즐거운 의료 선교를 할 수 있었다. 선교에 동참한 모두 다 즐겁게 봉사하며 기뻐했다.

천부는 오지 중의 오지였다. 의료 혜택을 받으려면 도동까지 가야 하기 때문이었다. 그러나 그곳은 대한민국에서도 유명한 오징어 산지로, 밤이 되면 온 바다는 오징어잡이 배들의 전깃불로 불야성을 이뤘고, 아침이 되면 부둣가에 산더미처럼 쌓인 오징어가 여기저기 발 디딜 틈 없이 쌓여 있었다. 동네 아낙네들은 전부 나와 그것들을 손질하느라 바빴다. 길마다 으징어 건조대가 서 있고, 가는 곳마다 오징어 말리는 장면이 장관이었다. 매일 식사는 오징어 국에 오징어 요리가 나왔고, 오징어를 실컷 먹을 수 있었다.

선교 마치고 떠나는 날, 한 집사님이 나를 위해 특별히 큰 오징어를 따로 선별해 정성껏 말려 선물로 줬다. 그것은 그들의 생계니 값을 치르겠다고 했는데, 끝내 거절하기에 결국 그 값을 교회에 헌금하고 떠났다.

많은 환자를 봤는데 만성 퇴행성 관절염이 많았고 고혈압도 많았다. 오징어에 콜레스테롤이 많아서 그런 것 같았다. 비만증 환자는 없었고 영양실조 환자도 볼 수 없었다. 조업하면서 사고가 발생하니 자연히 바다 신을 믿는 사람들도 있었다. 소문 듣고 인근 현포에서도 목사님이 직접 운전해서 많은 환자를 데리고 왔다.

귀가한 후 이번 선교를 위해 많은 헌금을 한 우리 온누리교회 한 구역에 오징어 전부를 선물로 주었다. 구역장에게 주며 구역 성도들에게 나눠주라고 했다.

얼마 후, 잘 먹었느냐고 물었더니, "곰팡이가 슬어서 다 버렸다"고 답하는 것이 아닌가?

나는 기절할 뻔했다. 그가 착각한 것이다. 오징어에 붙은 흰 가루는 곰팡이가 아니라 바닷물이 말라붙은 소금이고, 그것이 붙어 있는 오징어가 참으로 싱싱한 최상급이고 제일 비싼데 오해한 것이다. 그 많은 오징어를 먼 곳에서 갖고 와서 나는 하나도 못 먹고 다 줬는데 그럴 수가 없었다. 무엇이든 공짜면 그 가치를 잘 모르게 돼 있다는 말이 맞는 듯했다.

울릉도 선교를 다 마치고 다시 강원도로 되돌아 와서 나머지 일정을 농어촌에서 봉사한 후 귀국했다.

[강원도 한 시골 교회 예배당을 임시 진료실로 꾸미고 진료하는 모습]
의자에는 20개가 되는 의약품 상자들이 진열돼 있다. 일종의 약국이라 하겠다-.

[울릉도 천부교회] 선교]
점심 식사에는 오징어 국에 오징어 반찬에, 온통 오징어 밥상이었다.
도우미들과 윤성묵 목사님 내외분. 천부교회는 다시 초청 받아 갔다.

제2차 울릉도 의료 선교

몇 년 후, 울릉도에 다시 한번 더 초청 받아 갔다.

이번에는 잔잔한 바다에 마중 나와 기다리던 목사님들과 즐거운 재상봉이었고, 선교도 아무런 이변 없이 끝까지 은혜스럽게 잘 마칠 수 있었다. 나에게도 좋은 추억으로 남게 됐다. 이번엔 길이 다 복구되어 도동, 저동, 천부뿐만 아니라, 남양과 태하에도 가서 많은 환자를 진료할 수 있었다.

태하에서 한 장로님의 아들이 아프다고 해서 왕진하러 갔다. 등에 욕창으로 어려움을 겪고 있어서 도와주려 해도, 갖고 간 약 중에 그에게 꼭 필요한 약이 없었다. 그래서 그다음 해 강원도 선교 때 욕창에 좋은 크림을 한 상자 갖고 가서, 혹시 울릉도에서 누가 오면 전해달라고 했는데 잘 전달되어 잘 사용했으리라 믿는다.

가는 곳마다 도우미들이 열심히 봉사해서 많은 사람을 진료할 수 있었다. 관절염, 고혈압 등 다양한 질병을 가진 환자가 많았다. 넉넉히 갖고 간 약품으로 아낌없이 주었더니 아주 만족해 했다. 도민들은 하나같이 순박했고 행복하게 보였다.

도동교회에서 진료할 때, 그 교회에 다니는 한 집사님 부부가 나를 초대해서 전복 대접을 받았다. 몇 년 전 태풍 매미 때 출하를 앞두고 있던 3년 된 전복을 몽땅 잃었는데, 그때 손실이 몇억이나 되었다고 한다. 그 후 다시 시작해서 일어섰는데 출하를 앞둔 전복 한 보따리를 가지고 식당으로 왔다.

그 집사님 부인이 내 옆에 앉아 계속 구워 주는데, 다 먹고 보니 거의 30개 족히 되는 듯했다. 내 평생 전복을 그렇게 많이 먹어 보리라고는 상상도 못 했다. 워낙 비싸니까. 혹시 너무 많이 먹어 탈이 나는 것은 아닌가 염려도 했으나 잘 소화되어 감사했다. 그 집사님 내외분의 은혜는 평생 잊을 수 없게 됐다.

태하에는 황토굴이 있었는데, 옛날 임금님이 신하를 울릉도로 시찰 보내면서 제대로 갔다 왔는지 확인하기 위해 올 때 황토굴에 가서 그 황토를 갖고 오라고 했다는 전설도 있다는 얘기를 들려주며, 태하교회 목사님이 그곳을 보여 줬다.

마지막 주일에는 천부교회 목사님과 성도들과 함께 예배 드린 후, 제일 높은 산인 성인봉에 올라가 보자고 했다. 가면서 보니 바위마다 커다란 구멍이 많이 뚫려있는 것이 보였다. 거기에 빗물이 저장돼 있어서 울릉도는 일 년 내내 물 걱정은 전혀 없다고 했다. 다 내려와서 나리분지에 도착하여 토속 음식점에서 산나물 비빔밥을 먹으며 아주 끈끈한 교제를 나누고 헤어졌다.

울릉도 선교를 무사히 마치고, 다시 강원도로 와서 예정된 농어촌 선교를 끝까지 마친 후 귀국했다. 그 후 울릉도에는 다시 갈 기회가 없었다.

[울릉도 도동항]

선교 마치고 쾌속정 여객선을 기다리며 배웅 나온 목사님들과 함께,
그중 한 목사님이 어지럼증이 있다고 해서 기다리는 동안 진료 및 상담을 해 주고 떠났다.

[강원도 천진 중앙교회]
선교 도우미들과 사모님.

삼척 의료 선교(위트머스-김 구제 펀드)
(1999.5.3- 5.24)

    1997년 봄, 태백 의료 선교를 마친 후 만났던 문대식 목사님께서 삼척 농어촌 의료 선교를 부탁해서, 일 년간 준비 끝에 드디어 1999년 봄에 삼척으로 떠나게 되었다. 문 목사님이 삼척시에 속한, 거의 10개 교회에서 의료 봉사하도록 이미 계획하고 있어서, 나는 목사님의 지시에 따르기만 하면 됐다.

    하루는 깊은 산골의 한 교회에서 진료하게 됐다. 담임목사님이 부임한 지 3년이 넘었는데, 출석 교인은 20명도 안 된다고 했다. 목사님은 내가 온다고 해서 기대가 컸다고 했다. 그도 그럴 것이 그 마을 사람들은 교회에 발을 들여놓으면 산신령이 노해서 바람을 보내서 농작물에 피해가 온다고 믿고 있었기 때문이다. 내가 그곳에 있는 동안에도 그 태백산맥에서 불어오는 바람은 위력이 대단해서 한번 불었다 하면 모든 농작물이 쓰러지는 것을 직접 목격한 것도 한두 번이 아니었다.

    그런데 그날 많은 환자가 부득이 교회 안으로 들어오게 된 것이다. 내가 예배당 안에서 진료했으니 다른 방도가 없이 모두 교회로 들어

와서 기다리고 진료 받아야만 했다.

이 기회를 놓칠세라 그 현명한 사모님은 그날, 없는 가산을 다 털어, 이리 뛰고 저리 뛰며, 국수를 삶아 그들을 잘 대접하는 것을 보았다. 그렇게도 교회 근방에 얼씬하기를 꺼렸던 그들이 그날은 진찰 받고 국수까지 얻어먹었으니 기분이 좋아서 마냥 교회에 앉아서 떠날 생각을 않더란 것이다.

사모님이 너무 기뻐서 열심히 마을 사람들을 섬기며 교제하던 모습을 나는 잊을 수 없었다. 집집마다 찾아가 전도하려 해도 외면하던 마을 사람들이 모두 제 발로 걸어왔으니 사모님이 얼마나 기뻤을까?

그 후 듣기로는, 그다음 주일에 한 열 명이 교회에 나왔더라는 것이다. 그뿐 아니라, 교회에 와서 보니 서로들 의아해 하면서도 '너도 왔나' 하며 서로 기뻐했다는 것이다.

나는 그곳을 떠났지만, 아마 사모님은 그날의 인연으로 그 마을 사람들과 좀 더 친해졌을 것이며 교회도 좀 부흥되었으리라 믿는다. 그리고 그중 단 한 사람이라도 구원받았으면 천국에서는 잔치가 열렸을 것이라 믿는다

이번 삼척 선교는 태백 선교 후, 강원도 선교로, 시애틀을 떠나기 전 한 달 전부터 나는 의료 선교로 한 달 동안 자리를 비운다는 사실을 내 환자들에게 알렸다.

떠나기 며칠 전 오후, 그날도 열심히 내 병원에서 환자들을 돌보고 있었는데 간호사가 오더니 "저기 한 환자가 Dr. Kim 당신을 잠시 만나고 싶어 한다"고 했다.

나는 알았다고 대답했다. 그런데 예약된 환자들에게 집중하느라 그만 그 사실을 까마득하게 잊고 있었다.

한두 시간 지났을까, 간호사가 재차 그 환자가 아직도 기다리고 있다고 알려줬다.

얼마나 미안했던지 당장 진찰실로 그를 인도해 달라고 하고 즉시 그를 만났다. 그는 일하다 온 듯 작업복 차림으로 앉아 있었다. 나는 그에게 큰 실수를 범했다고 백배 사과했다.

그는 내가 전에 다니던 병원에서 귀 치료를 받은 환자였는데, 내가 그 병원에서 나오자 자기도 나를 찾아 이곳까지 따라온 아주 신실한 내 환자였다. 그의 이름은 위트머스(Mr. Whitmus)였다.

그는 호주머니에서 봉투 하나를 꺼내더니 의료 선교에 써달라고 했다. 나는 거절했다. 의료 선교는 내가 좋아서 하는 것이고 자비량으로 다 하고 있으니, 그 돈은 다른 자선 사업에 써달라고 했다.

그러나 그는 꼭 나에게 줘야겠다고 했다. 온 가족의 회의 결과라 했다. 그러냐고 하며 그 봉투를 봤더니 글쎄 100달러짜리 지폐가 열 장이나 들어 있었다. 나는 그중 100달러만 꺼내, "이것이면 충분하다"고 하고 나머지를 도로 주면서 다른 곳에 헌금하라고 했다.

그런데 아니란다. 그 돈을 다 쓰라며 다시 내게 건네줬다. 이런 일을 위해 몇년 모은 것이라 했다.

그래서 "어디다 쓸까" 물었더니, 선교 여행비 등 어디에나 써도 된다고 했다.

집에 와서 가만히 생각해 보니 '그 많은 돈을 어디다 쓸꼬' 고민이 생겼다. 미국에서는 지금도 기부금이나 헌금할 때 100불은 아주 큰돈이고, 1,000불은 웬만큼 부자가 아니고는 찾아보기 힘들었다.

그의 옷차림으로 봐서는 절대 부자 같지 않았다. 그래서 그와 그의 가족의 숭고한 정성을 함부로 쓸 수 없다고 생각하고 기도를 시작했다.

그러던 차에 캐나다 밴쿠버에 사는 내 형님이 650불을 또 보내오며 이번 강원도 선교에 쓰 달라고 했다. 형님은 캐나다에서 근근이 살아가는 서민이었고, 저축이 별로 없는 것으로 아는 나는 그 돈을 받을 수 없다고 했다.

그랬더니 자기는 사는 데 지장 없고, 그 돈은 여러 해 동안 따로 구별해 놓은 것으로 내 선교에 자기도 동참하고 싶어서 헌금한다고 했다. 그래서 "어디다 쓰겠느냐"고 물었더니 "아무 데나 선교 때 쓰라"며 별 지침이 없었다.

그래서 또 기도했다. 이 1,650불의 큰 금액을 내 여비로 쓸 수 없었다. 그 헌금들은 피와 땀의 대가니, 간절히 기도하면서 하나님의 뜻을 기다렸다. 그들의 헌신을 오래 기릴 만한 곳에 이 돈을 쓰고 싶었다.

삼척에 도착한 후, 하루는 문 목사님과 함께 저녁 식사 후 도시 중앙에 있는 봉황산으로 산책하게 됐다. 산 정상 휴게소에 앉아 쉬면서 내 마음을 털어놨다. 내가 갖고 온 돈이 여차여차해서 받은 것으로 그들의 뜻을 기리기 위해 무슨 보람된 일을 하나 하고 싶다고 했다. 내 선교비로 쓰지 않고 좀 더 뜻깊은 일에 쓰고 싶다고 했다. 그래서 함께 기도했다.

당시 한국에는 경제 사정으로 노숙자가 많다고 들었다. 그래서 내가 제안하기를 원금은 그대로 두고, 이자만 매년 말 찾아 노숙자나 극빈자나 꼭 필요한 사람 한두 명 구제하는 구제 펀드를 만들면 어떻겠냐고 물었더니, 참 좋은 생각이라고 했다. 그래서 펀드를 만들기로 하고 사용 조건을 제시했다.

1. 이름은 "위트머스-김 구제 펀드"(Whitmus-Kim Fund, 위트머스는 내 환자의 이름, 김은 내 형의 이름이다)로 한다.
2. 원금은 영구 거치하고, 매년 크리스마스 때마다 이자만 인출하여 꼭 필요한 사람을 한두 명 구제하는 데 사용한다.
3. 이 펀드 운용은 문대식 목사님이 하고, 원금은 제일 안전한 은행에 장기 적금으로 둔다.

문대식 목사님도 대찬성해서 그리하기로 결정 지었다. 미화 1,650불을 한화로 환산하니 1,450,000원이 됐다. 당시 환율이 880 대 1이었다. 2백만 원을 채우려고 내 자녀들과 누이 김생귀 권사 그리고 내가 동참하여, 총 2백만 원을 만들어 문 목사님께 전달했다.

그해, 즉 1999년도의 은행 이자가 9%였다. 그해 크리스마스 때가 되어 문 목사님에게 메일이 오기를, 그 이자로 배추를 사서 김치를 만들어 극빈자 가정을 도우면 어떻겠냐고 했다. 나는 쾌히 승낙했다.

12월 초 그런 사연을 문 목사께서 교회에 광고했더니 모두 좋게 여겨, 어느 추운 날 삼척 교회 뒷마당에서 집사님, 권사님들이 모여 배추를 씻고 양념하여 김치통을 13개 만들어, 13 가정에 한 통씩 전달했다며 사진과 함께 메일을 보내왔다.

얼마나 감사했는지 모른다. 나는 즉시 그 사실을 위트머스 씨와 내 형에게 알렸다. 그들도 다 함께 기뻐했다. 그러면서 나는 그들에게 이 펀드는 영구히 지속하여 그들을 기념할 것이라 했다.

그 후 나는 강원도 선교 갈 때마다 여러 사람에게서 받은 모든 선교 헌금을 하나도 내 선교에 쓰지 않고 몽땅 그 원금에 보탰으며, 훗날 내가 연세사회봉사상을 받으면서 부상으로 받은 10,000달러도 전

액 이 펀드에 바쳤다.

그렇게 매해 거듭하다 보니, 몇 년 후에는 원금이 3천만 원까지 늘었다. 모두 하나님의 도움이었음이 틀림없었다.

그다음 해 크리스마스 때는 김치 20통에 20가정, 그다음 해에는 40통에 40가정, 그다음 해에는 60가정. 결국, 120가정까지 늘어났다.

아주 대대적인 사역으로 변했다. 펀드 이자만 가지고 그 많은 가정을 도울 수 없었을 텐데, 아마 누가 이 사역을 좋게 여겨 동참했을 것이다.

얼마 후, 김치 사역은 쌀과 무연탄 사역으로 바뀌게 됐다. 크리스마스 때가 되면 믄대식 목사님의 열정으로 장로님들과 집사님들이 무연탄을 나르는 모습과 쌀가마니를 짊어지고 나르는 모습을 사진으로 보내왔고 모두 "위트 버스-김 구제" 사업에 기쁘게 동참했다고 했다.

문 목사님은 그 펀드로 그 외 여러 사람을 도왔다. 징역을 마치고 나온 무의탁 출소자를 돕고, 가난한 학생들의 학비를 대기도 하고, 사업 실패로 끼니를 거르는 가정과 갑작스러운 병환으로 생계가 힘든 가정을 돕기도 하고, 여러 가지로 크리스마스 때마다 두세 가정을 돕고 있었다. 지금도 계속하고 있고 앞으로도 계속될 것이다. 왜냐하면, 원금은 영구히 보존하기로 약속했기 때문이다.

["위트머스-김 구제 펀드"로 독거노인, 청소년 가장,
도움이 필요한 가정을 위해 준비한 김치]
삼척중앙교회 뒷 마당에서 크리스마스마다 여선교회원의
사랑과 헌신으로 십여 년 계속됐다.

의약품 조달 방법
(의약품을 어떻게 조달했는가)

나는 1996년에 조기 은퇴했고, 선교를 위해 미국 동료 이비인후과 의사의 진료실을 일주일에 세 번씩 빌려 쓰기로 하고, 주로 영어를 잘 못하는 한인들을 위해 봉사 차원으로 개업을 시작했다.

주목적은 돈벌이가 아니고 의료 선교를 위해 내 의사 면허증과 내 기술을 유지하기 위한 것을 원칙으로 했다. 수입의 80%를 진료실 운영비로 지급하고, 세금을 제하고 나니, 수중에는 겨우 선교에 필요한 약품을 좀 살 수 있는 수입밖에 되지 않았다. 내 가정 살림은 전에 저축해 놓은 것으로 만족했다.

의료 봉사를 떠날 때마다 그 많은 의약품을 사려니 비용이 엄청나서 제대로 준비하기 힘들었다. 그래서 제약 회사에 수십 통의 편지를 보내 사정을 얘기하면, 몇몇 회사에서 샘플약을 보내줬다. 또 시애틀에서 약국을 경영하는 우리 교회 집사님이 내가 하는 일에 동참한다고 진통제 등을 잔뜩 주기도 했다.

이런 사실을 알고 있는 우리 병원 간호사가 하루는 나에게 누구누구를 찾아보라고 말했다. 도움이 될 것이라 했다.

그래서 찾았더니 그는 은퇴한 간호사로 이름은 필리스 티민스(Mrs. Phyllis Timmins)였다. 그의 남편은 내가 수술하는 병원 산부인과 의사 티민스(Dr. Timmins)였다.

필리스를 만나 내 생각을 전했더니 얼마나 반가워하던지!

그들은 나를 데리고 커다란 창고로 갔는데, 그곳에는 의약품이 잔뜩 쌓여있었다. 모두 제약 회사에서 기증받은 것이라 했다. 그러면서 무엇이든 원하는 대로 줄테니 목록을 달라고 했다. 그래서 인도 선교 때 무려 8 가방에 의약품을 잔뜩 담아 갈 수 있었다.

그 후 한국 태백에 간다고 할 때도 필요한 것을 챙겨줄 뿐 아니라, 자기가 알아서 이것저것 10박스에 담아 줬다. 그래서 태백 의료 선교 때도 약품은 넉넉하게 갖고 갔고, 그 후에도 계속해서 도와줬다.

우리 교회 선교팀들의 선교 때도 원하면 많이 도와줬다.

어떻게 그 많은 약을 비축하고 있었을까 궁금했는데, 주로 표본약들이 많았고 여러 약국에서 유통기한이 가까운 약들을 모은 것이라 했다. 그 약들은 선교사들을 위한 것이었고, 특히 멕시코 선교사들이 많이 이용한다고 했다. 그런데 나는 의사이니 마음 놓고 준 것이다.

그 외 알코올 스펀지, 큐팁, 거즈(gauze), 탈지면, 붕대, 반창고(band aids), 간단한 수술 도구(메스, 핀셋[forceps], 수술 가위 등), 봉합 수술에 필요한 모든 기구(여러 가지 바늘과 실, 등), 국소 마취제는 물론, 그 외 다양한 의료품도 얼마든지 얻을 수 있어서 얼마나 넉넉하게 갖고 다녔는지 모른다.

이런 것을 사용할 기회는 많지 않았지만, 유용하게 사용하게 된 날도 있었다.

하루는 진료 중에 사고 당한 아이를 업고 와서 치료해 달라고 했다. 곧 병원에 가서 치료 받으라고 했지만, 가지 않으니 나는 어찌 다른 방도가 없어서 "주님 도와주소서" 하며 해냈던 적도 있었다. 그때 미리 갖고 다니던 기구들을 쓸 수 있어서 감사했다.

종합비타민 같은 약은 내가 자비량으로 많이 사 갖고 다녔다. 진료 받고 가는 사람마다 뭐 조금씩 갖고 나가는 것을 본 환자들은 왜 나에게는 아무것도 안 주느냐고 하는데, 생각해 보니 이해가 갔다. 특히, 상담으로 해결된 경우에도 뭐 좀 달라고 하는 경우가 허다해서 이럴 때 비타민 처방은 아주 적격이었다. 그래서 항상 좀 모자랐다.

그 외 심혈관약, 고혈압약, 위장약, 진통제, 당뇨약, 여러 가지 항생제, 소아청소년과 약 등등. 골고루 필요한 것은 얼마든지 골라서 갖고 갈 수 있어서 얼마나 기뻤는지!

이것은 다 하나님의 은혜로 이뤄졌다고 믿었다. 값을 따지면 몇만 달러 정도 될 것이다. 공짜라고 함부로 하지 않고 항상 선교 후에는 어느 약을 얼마나 썼는지를 상세히 적어, 약을 준 사람들에게 일일이 보고했더니, 내가 하는 일을 잘 알고 나를 신뢰했다.

나는 성격상 선교 후 보고는 멈추지 않았고, 정확하고 상세하게 했다. 그랬더니 항상 더 주고 싶어 했다. 그 후부터는 약품에 관해서는 걱정이 없었다. 필리스는 하나님이 보내주신 천사였다.

어느 날 평소에 내 진료실에 자주 진통제 모빅(Motic tablet) 샘플을 갖다 주던 제약 회사 홍보원에게 내가 의료 선교를 가는데 그 약 샘플을 좀 더 줄 수 없느냐고 물었더니 즉시 갖다 줬다.

그 당시 많은 진통제가 시중에서 판매되고 있었으나 대부분이 장기간 쓸 때 위장 장애를 일으켜 계속 사용이 불가능했었다. 특히, 만성 퇴행성 관절염 같은 환자들에게는 장기간 써야 하는 데 문제가 많았다. 그래서 개발된 약이 바로 이 모빅 진통제였다. 그런데 이 약은 너무 비싸서 환자들이 많이 꺼렸다. 당시 그 약은 한 알에 3달러 정도 했다.

한국 농어촌에는 만성 퇴행성 관절염 환자가 많아서 이 약을 썼더니, 효과가 아주 좋아서, 환자들이 이구동성으로 더 달라고 했다. 그 결과를 선교 후 그 홍보원에게 상세히 써서 보냈더니 아주 좋아했다. 그러면서 다음 선교 때는 미리 알려달라고 했다.

그 후에 그의 말대로 언제 어디로 의료 선교 간다고 했더니 자기 집으로 오라는 것이다. 그의 집 창고에는 모빅샘플을 담은 상자들이 가득 차 있었다. 그러면서 마음대로 다 갖고 가라는 것이다. 그래서 내가 타고 다니던 캠핑용 9인승 밴에 하나 가득 싣고 집에 와서, 그 후 몇 년 동안 정말 넉넉하게 잘 썼다.

이 약이 비싼 이유는 물론 제조 회사의 원가가 비쌌기 때문이다. 이 약의 특징은 한 알 먹으면 24시간 동안 통증이 말끔히 사라진다는 것이고 위장에 해가 전혀 없다는 것이다.

이 약을 제일 좋아하던 환자는 삼척 문 목사님의 사모님이었다. 너무 좋아서 항상 좀 달라고 했다. 그래서 한 15알을 주면 그렇게 고마워했다. 그는 오직 모빅만 원했다. 그토록 이 약의 성능이 좋았다.

하긴 내 아내와 내 자녀들도 이 약을 선호했다. 특별히 위가 상해 있는 사람에겐 이보다 더 좋은 진통제는 없었다. 단 한 가지 주의점은 이 약이 혈액을 묽게 하기 때문에 계속된 사용은 금물이었다.

모든 의약품은 모든 나라에서 법적으로 반입이 금지돼 있다고 들었다. 그런데 내 세계 의료 선교 31번 중, 의약품이 압수 당한 적은 단 한 번도 없었다. 한 번은 인천 공항에서, 아프리카 탄자니아에서, 우즈베키스탄에서, 또 소련에서 아슬아슬하게 통과된 적도 있었다. 세관원이 "가방 속에 무엇이 들어있느냐" 그 하면 개인용품(Personal belonging)이라고 하면 무사통과되었다.

내 맘속에는 '이것이 내 것이 아니고 하나님의 것인데 그 어느 사람이 가로챌 수 있을까. 손해 보는 사람은 내가 아니라 하나님이실 텐데'하며 늘 확신에 차 있었다. 만일 그래도 빼앗기면, 나를 초청한 그곳에도 연결이 있을 것이니 잘 해결해 주리라 믿고 마음 놓고 풍부하게 갖고 다녔다.

한국에 열 번 이상 갔는데 거기서도 만일 내 약품이 압수 당했다면 삼척시장이 그냥 보고만 있지 않았을 것이라 믿었다. 내 사회봉사에 큰 관심을 가진 삼척의회에서는 나에게 삼척 제1호 명예시민권을 주기도 했으니까 말이다. 그러나 지금 와서 생각해 보면, 내가 한 것 같은데, 단 한 번도 내가 한 것은 없고, 모두 하나님께서 주관하셨음을 깨달아 알게 됐다. 그저 하나님께 감사할 따름이다.

[시애틀의 우리집 응접실]
약 상자로 가득 차 있다. 선교를 위해 약 정리를 하는 모습.
같은 상자들이 내 서재와 창고에도 가득 차 있었다.

나의 의료 선교 기본 원칙
(한국에서)

나는 선교에 대한 지식도 경험도 없었다. 그저 '환자 보며 전도하면 되겠지' 했는데 애로가 많았다. 그때마다 하나씩 배워가며 나대로의 원칙을 세워 놓고 했더니 더 효율적이었다.

우선, 내게 오는 모든 환자에게 병원에서 돈 받고 하는 것과 똑같이 한다는 것이다. 무료 봉사라고 적당히 하는 것이 아니고, 주님께서 나에게 보낸 특진환자라고 생각하며 더 정성스레 진료에 임했다. 물론, 환자가 많이 밀리면 부지런히 돌봐서 보낸 적도 있었다.

인도에 있을 때 하루에 100명을 진료한 날도 있었다. 내 양 옆에 인도 의사 두 명이 있어서 내가 진단 처방하면, 그 환자를 밖으로 데리고 나가 설명해 주는 동안, 나는 다음 환자를 보니 자연히 많이 볼 수 있었다. 그러나 보통 나 혼자서는 하루에 40-50명 정도면 족했다. 일대일 전도 사역을 하다 보니 항상 시간이 모자랐다. 그래서 도우미가 꼭 필요했다.

모든 진찰이 끝나면 예수 그리스도를 믿지 않는 환자에게는 한 사람도 빠짐없이 전도에 들어갔다. 이제 진료가 다 끝났으니 병 얘기는 그만하고 내가 몇 마디 물어봐도 되겠냐고 물으면, 싫다는 사람은 한 명도 없었다. 혹시 내 질문이 부담스러우면 즉시 그만둘 것이니 걱정하지 말라고 안심시켰다. 그리고는 "나는 예수 믿는 사람인데 혹시 예수님에 대해 아는 것이 있느냐"라고 물으면 대부분 전혀 모른다고 대답했다.

그러면 나는 즉시 내가 믿는 분은 예수님이시고 '그는 나의 하나님, 나의 주님'이시라고 말하면서, 내 얘기를 간단히 전개해 나갔다.

간혹, 골수 불교신자들이 자기는 불교신자라고 하면, 나는 접수증을 통해 이미 알고 있다고 하며, 나는 모태로부터 믿은 사람이지만 가끔 절에도 가고 스님과 대화도 한다며, 단지 믿지 않을 뿐이지 구경까지 금할 필요는 없다고 말했다. 내가 졸업한 의과대학은 기독교 학교로 졸업 수학여행을 아무런 거리낌 없이 합천 해인사에 갔었는데, 그것이 죄가 되겠냐고 하면 대개 수긍해 주어 대화를 계속할 수 있었다. 아주 드물게 밖에 기다리는 환자가 없으면 끝까지 간 적도 있었다.

대화가 무르익으면, 혹시 다음 주에 이 교회 주일 낮 예배에 참석할 수 있겠느냐고 하면, 대개 올 수 있다고 한다. "돈은 절대로 갖고 오지 말고, 그저 왔다가 가면 된다"고 하면 "문제 없다"고 대답하는 사람도 있고, "생각해 보겠다"는 사람도 있고 다양했다.

특히, 재미있는 사실은 그다음 주에 결혼식이 있다고 대답하는 사람이 의외로 많더라는 것이다. 그러나 싫다는 사람은 거의 없었다. 진료 중 서로 존중하며 신뢰를 쌓아 마음 문이 열렸기 때문일 것이다.

궁극적으로 잘 이해가 되어 올 수 있다고 하는 사람에게는, "약속할 수 있느냐"고 물으면 "약속한다"고 했다. 그러면 내가 접수증에 우리의 약속을 적어놔도 좋겠냐고 허락받고, 후에 목사님께 전했다.

어떤 교회에서 진료하는데, 그날따라 많은 할머니가 와서 내 진료를 받고 꼭 같은 약속을 하고 갔다. 후에 재미있는 소식이 들려왔다. 즉, 집으로 가면서 우리 다 같이 약속을 했으니 그 의사 선생은 떠났어도 우리는 약속을 꼭 지키자며, 다섯 명이 함께 돈을 모아 헌금도 준비하고 주일예배에 왔다는 것이다.

씨는 뿌렸으니 이제 내가 할 일은 거기까지고, 나머지는 성령님의 도움으로 그곳 성도님들과 목사님의 몫이라 생각했다. 그리고는 매일 밤 기도했다.

'그날 약속한 모든 환자에게 성령님이 함께하시고, 우리들의 약속을 기억나게 해주시고, 기억났으면 발걸음을 인도하시어 교회로 갈 마음이 생기게 해주시고, 가는 길을 막는 자가 없게 해주십시오.'

그런 기도는 선교 후 집에 와서도 계속했었다.

나는 가는 곳마다 도우미가 필요했는데, 항상 그 교회 집사님이나 권사님들이 수고해 주셨다. 간호사 한 명, 약사 한 명, 접수 두 명, 연락 및 장내 정리 및 총 책임질 권사님 한 분. 보통 이렇게 6명이 있으면 선교를 순조롭게 진행할 수 있었다.

이들은 모두 다 보통 가정 부인으로 의료 기관에서 일한 경험이 없는 사람들이어서 그들을 위해 두 페이지 가량의 설명서를 만들어, 매일 아침 시작하기 전 30분 동안 철저히 교육했다. 내 설명을 잘 듣고 오전 진료만 지나면 하나같이 전문 간호사들로 변신했다.

접수하는 도우미들에게세는 접수증에 환자의 인적 사항을 적고 종교를 적어달라고 했다. 믿지 않는 사람의 경우 더 구체적으로 써 달라고 했다. 그래야 내가 어떻게 접근할지를 미리 알 수 있기 때문이었다. 또 진료 받고 싶어 하는 이유 등을 상세히 물어서 써달라고 했다. 그러면 내 진료 시간이 훨씬 단축되었고, 그 대신 전도할 시간이 주어졌기 때문이었다.

어떤 때는 증상이 있은지 얼마나 됐느냐고 물으면, 대개 한참 됐다고 하며, 그 답을 알아내는 데 한창 걸릴 때도 있어서, 도우미들이 접수하면서 이런 애로를 해결해 줬다. 그래서 접수에 두 명 이상이 늘 필요했다.

혹시, 설명 듣지 못한 도우미들로 대치될 경우, 당장 그때부터 문제가 생기게 되어 자연히 그런 날에는 많은 사람이 오래 기다리게 되는 것이다.

약사는 내가 주는 약용법을 적어 환자에게 주는 일을 했다.

이토록 도우미들의 역할은 무척 컸고, 진료 시간을 반 이상으로 줄일 수 있게 해줬다. 그래서 나는 항상 도우미들을 상전 같이 모셨다.

보람을 느낀 많은 도우미가 자기들을 계속 써달라며 다른 지역으로 떠나는 나를 따라나서기도 했다. 간혹 간호사가 오면 당연히 큰 도움이 되었다. 그들은 꼭 접수에 배치했다. 학교에서 배운 대로 병력을 상세히 기록하니, 내 진료 시간도 삼 분의 일로 줄일 수도 있었다.

아침 진료 시작 한 시간 전에 도우미들과 함께 큐티 나눔의 시간을 가졌다. 도우미들은 그 30분을 아주 뜻깊게 보내는 듯했다. 나는 사회만 보고, 전혀 입을 다물고, 서로 나누게 했는데 서로 많은 은혜를 얻는 듯했다. 결코, 내 생각이나 내 지식으로 아는 척하지 않았다.

　물론, 나는 아침 6시에 일어나 이미 벌써 우리말성경과 NIV성경으로 큐티 한 시간 이상했으므로 그 내용을 잘 알지만, 전혀 모르는 듯이 해서 그 시간은 가르치고 배우는 시간이 아니고, 서로 나누는 시간임을 강조했다. 그래서인지 매일 진료 시작하기 전 큐티 시간을 도우미들이 무척 좋아했고 소문을 들은 다른 이들도 참석하곤 했다.

　도우미들은 집에서도 할 일이 많은 주부였기 때문에, 집에 볼일 보러 간다고 하고서는, 내 설명을 듣지 못한 다른 사람에 맡기는 경우가 허다했다. 그럴 때마다 문제가 발생해서, 환자 보는 속도가 느려졌고, 결국 많은 환자가 진료 받지 못하고 집으로 돌아가는 경우가 많았다. 그렇다고 그들을 탓할 수도 없었다. 가사 일을 뒤로하고 봉사 정신으로 나온 그들에게 하지 말라고 말할 수 없었다.

　그러나 내 의료 봉사는 사전 지식을 요구하므로, 그저 봉사하고 싶은 마음으로만 할 수 없다는 사실을 그들은 잘 모르고 있었다. 그저 주님을 사랑하는 열심 하나만 가지고 의료 봉사를 할 수 있다고 생각하는 사람이 태반이었다. 마치 성경도 전혀 읽어보지 않고 전도에 나서는 격이라 하겠다.

　각 선교지를 떠날 때는 모든 접수증을 그 교회 목사님께 드렸다. 그 접수증에는 우리 도우미들이 적어 놓은 개인 정보가 들어있는데, 특히 종교란이 상세히 쓰여 있어서 목사님께 드리며 그들을 전도하고 싶으면 참고하시라고 하면 아주 좋아했다. 내가 열심히 그들의 마음 문을 조금이라도 열어놓은 상태에서 보냈으니, 전도하기도 전보다 훨씬 쉽지 않을까 하는 바람이었다.

선교 중 내가 지켰던 몇 가지 원칙이 있다.

'비싼 호텔에서 유숙하지 말고 꼭 민박할 것, 숙박비는 꼭 내가 지급할 것, 그리고 비싼 음식 먹지 말 것, 관광하지 말 것, 쇼핑하지 말 것' 등이었다.

또 혹시 숙박비를 교회에서 미리 지급했으면, 즉시 그 금액을 교회에 헌금으로 드렸다. 내 의료 선교는 내가 좋아서 하는 것으로 그들에게 폐를 끼칠 수 없었다. 내가 다닌 곳들은 대개 가난한 농어촌들이어서 아무리 적은 금액이라도 그 교회 재정에는 막대한 부담이 될 수도 있다고 생각했기 때문이다.

어느 날 점심 시간에 식당에 갔는데 메뉴를 보니 전부가 다 만원 이상이라 곧장 되돌아 나온 적도 있었다. 그래서 선교 시작 초기에는 3000원 이상 하는 음식은 먹지 않는다고 했고, 숙소도 꼭 민박으로 했다. 보통 3만 원이어서 선교 비용이 많이 절약되었다.

내가 방문한 곳은 대개 미자립 교회가 많아, 갖고 간 선교 헌금으로 받은 돈 얼마를 헌금하고 떠났다. 어려운 재정에서 점심을 차리느라 지출이 많았을 것을 고려해서였다. 그래서인지 잘 모르나 작은 교회들이 나를 또 초청하는 때도 많았다.

어느 곳에 가든지 도착한 다음 날부터 선교를 시작해서 끝나는 다음날 떠나는 것을 원칙으로 삼아 끝까지 준수했다. 그래서 선교 후 집에 오면 회복되는 데 한 달 정도는 걸렸다. 그러나 나는 선교 준비하면서 한 달간 기뻤고, 선교하면서 한 달간, 또 집에서 회복하면서 늘 기뻤다.

이렇게 선교 때마다 삼 개월씩 기쁜 나날을 보냈으니 참으로 하나님의 축복이 아닐 수 없었다. 그리고 선교를 마치고 집으로 오면 내 믿음도 자라는 것 같았고 하나님과의 관계도 가까워지는 느낌이었다. 그러니 나의 의료 선교는 그들을 위한 것이라기보다 나 자신을 위한 것이 되기도 했다.

처음에는 오른손이 하는 일을 왼손이 모르게 하라고 해서 자녀들에게만 알리고 다니곤 했었다. 몇 년 지나니 교회 성도들이 "왜 혼자서 복 받으려고 하느냐, 우리도 기도로 동참할 수 있게 알리고 가라"고 해서 할 수 없이 교회 목사님에게 알리고 다녔다.

처음부터 자비량으로 선교하리라 했으니 개인적으로 나에게 준 선교 헌금은 나를 위해 쓰고 싶지 않았다.

대부분 미자립 교회에 헌금했고, 위트머스-김 구제 펀드(Whitmus-Kim Fund) 원금에 보탰다. 매번 선교 후에는 즉시 지출 내용을 상세히 적어 헌금한 사람들에게 일일이 보고했더니, 그 투명성에 만족해서 계속 헌금한 성도들도 꽤 있었다. 지출 내용을 안 성도 중에는 특별히 그 펀드에 넣어 달라고 헌금하는 때도 있었다.

세계 의료 선교를 마무리하며

    1995년 바부다에서 첫 세계 의료 선교를 시작해서, 2015년 강원도 삼척에서 끝마치기까지, 20여 년 동안 약 31번의 세계 의료 선교를 했다. 매번 방문한 농어촌 마을은 적게는 6곳 많게는 열 곳 이상이었다.

    2015년 강원도 의료 선교 중 어느 하루 문대식 목사님과 진지한 대화를 나눴다. 이제 대한민국에는 무의촌이 없고, 온 국민이 의료보험에 가입돼 있으니 의료 선교의 효율성과 필요성이 없게 된 것이 사실이었다. 그래서 서로 진지한 대화 끝에 이번 선교를 마지막으로 한다고 결정지었다. 나는 그 후 다시 강원도에 갈 이유가 없었다.

    후반 10년은 매년 주로 강원도 농어촌에서 진료했다. 저 북쪽 고성 통일 전망대가 있는 곳인 대진(3번)으로부터, 고성, 거진(3번), 양양, 평창(5번), 북평, 봉평, 대화, 진부 등이었다. 강릉이나 속초에는 가지 않았다. 그곳에는 의사들이 있었기 때문이다.

    동해(6번), 정선, 신기(2번), 간성, 가평, 삼척(10번), 고천, 맹방(3번), 태백(3번), 도계(4번), 달전(4번). 그 외 철암, 마읍, 근덕, 원덕(2번), 그 외 기억나지 않는 수많은 농촌과 어촌으로 다녔다.

나는 철저히 한 번에 한 사람씩 최선을 다해 진료했고 모든 질문에 성실히 대답해 주었다. 믿지 않는 환자들에게는 거의 다 전도했는데, 매번 그래도 되느냐고 물어 꼭 승낙을 얻은 후에 했다.

난치병이나 불치병 환자를 보면 아무리 오랜 시간이 걸려도 끝까지 상담하며 소망을 주려고 노력했다. 아무리 밖에서 많은 환자가 기다리고 있어도 한 영혼을 위해 시간을 아끼지 않았다.

그럴 이유가 있었다. 역시 성경 말씀에 그 해답이 있기 때문이다. 예수님께서 비유로 말씀하신 양 99마리와 잃어버린 양 1마리 비유가 그 대답이다.

어느 날, 예수님께서 온종일 많은 무리에게 천국 복음을 선포하시고 저녁이 되어 그들을 떠나 갈릴리 호수를 건너가셨는데 그 목적이 무엇이었던가?

배에서 풍랑을 만나 제자들이 아우성칠 때, 얼마나 피곤하셨으면 그 와중에도 잠을 주무셨을까?

그토록 지친 몸을 이끌고 간 이유는 단 하나뿐이었다. 군대 귀신들린 청년 한 사람을 구하기 위해서였다. 그를 고쳐 주신 후, 예수님은 즉시 다시 갈릴리 호수를 건너오셨다. 많은 무리를 뒤에 두고 한 영혼을 위해, 잃어버린 양 한 마리를 찾으셨다는 말씀을 실천에 옮기신 것이다.

그래서 나도 병이 위중한 환자, 그 한 영혼을 위해 최선을 다했다.

그러나 나도 육체의 연약함으로 한계가 있어서 너무 오래하면 지칠 수밖에 없었다.

어느 날, 삼척교회에서 선교하게 됐는데 저녁 8시가 되도록 환자를 계속 들여보내서 아주 힘들었다. 피곤을 무릅쓰고 마지막 힘을 다해 돌보고 있었는데, 느닷없이 한 장로님이 들어오더니 큰 소리로 이렇게 외치는 것이었다.

"이거 뭐 하는 짓이야. 여러 사람이 밖에서 기다리고 있게 하고."

그러지 않아도 있는 힘을 다해서 견디며 일하고 있었는데, 너무나 어이없는 말을 들으니 심기가 불편했다. 그래서 나도 이렇게 말했다.

"내가 할 소리를 먼저 하시는구려. 목사님과 장로님들은 온종일 어디가 있다가 인제 와서 소리를 지르십니까?"

내가 아침 진료 시작하기 전에 모든 도우미에게 교육하기를 5시에 끝마치자고 했는데, 그사이에 설명을 듣지 못한 도우미들로 바뀌면서 계속한 모양이었다. 급기야 그 장로님이 나머지 환자들을 다 돌려보냈고, 우리 내외는 쓸쓸하게 숙소로 향한 적도 있었다.

아무리 5시에 끝마치자고 해도 그 시간을 준수한 적은 별로 없고, 한두 시간 더 걸리는 경우가 더 많았다. 강원도 사람들은 정이 많아서 시간이 지나도 슬쩍슬쩍 자꾸 받아 들였다.

나는 다 알고 있으면서도 사정하는 환자들의 요구를 뿌리칠 수 없어 그러는 줄 알기에, 항상 인내하며 묵묵히 끝까지 다 돌봐 줬다.

다음 날 아침 시작하기 전 설명 시간에 또다시 5시 종료를 강조해도, 그땐 잘 알겠다고 하고는 또 늦어지곤 했다.

대부분 내 설명을 들은 도우미들은 저녁 식사 준비차 집에 가고, 설명을 듣지 못한 도우미로 대체되니 몰라서 그랬다는데, 뭐라 할 수 없었다. 모두 다 가사를 뒤로하고 봉사하러 나왔는데 내가 좀 참으면 된다고 하며 말없이 웃으며 계속하곤 했다.

강원도 선교 중에 특별하게 인상 깊은 음식으로 산속 깊은 시골에 들어갈수록 시래깃국이 항상 일품이었고, 산나물 반찬은 아무리 먹어도 먹어도 싫지 않았다. 명란과 두릅나물은 보기만 하면 내가 독차지해서 혼자 다 먹었다. 어딜 가나 막국수는 싸고 맛있고, 양이 항상 푸짐했다. 초창기에는 한 그릇에 3천 원 했던 것이, 끝날 때쯤에는 5천 원으로 올랐으나, 그래도 싸고 맛있었다.

강원도에는 산신령을 믿는 사람들이 많았는데, 태백산맥에서 불어오는 세찬 바람으로 삽시간에 모든 벼는 다 쓰러지고 모든 농작물이 훼손되는 경우가 허다했기 때문이다. 그 바람은 산신령이 노해서 그런 거라고 사람들은 믿고 있었다.

하루는 고성에서 진료하였는데, 오후가 되니 아무도 나타나지 않았다. 목사님 말씀에 고성에서 산불이 났다는 것이다. 그런데 바람이 세차게 불어 여러 동네가 다 타버렸다고 했다.

진료소 문을 닫고 한 지교회가 불에 탔을지도 모른다고 하기에 조금이라도 도우려고 가봤다. 여기저기 불에 타고 있는 집들이 보였다. 다행히도 교회는 무사했으나 그 주위는 다 타버렸다. 금일봉을 드리고 오면서 보니 나이 든 사람 하나가 망연자실하여 서 있는 것을 봤다. 그날 아침에 자기 집이 다 타서 없어졌며 깊은 한숨을 내쉬었다. 보니 재만 남아 있었다.

나는 지갑에서 빈 달러를 꺼내 교회 이름으로 그 사람에게 드렸다. 그 돈은 내가 시애틀을 떠날 때 한 친구의 딸이 첫 월급에서 준다며 선교 중 필요한 곳에 써 달라고 한 말이 기억나서 그의 뜻을 따른 것이다.

그때 그 불은 산에서 불어오는 강한 바람으로 바다 쪽으로 향해 어촌 마을은 모든 집이 삽시간에 다 타버렸다는 것이다. 불은 그 후 3주 동안 강원도 여기저기 많이 번져 큰 피해를 줬다고 들었다. 바람 때문이었다. 그래서 강원도에는 산신령을 믿는 사람들이 많았고 교회에 나오면 산신령이 진노한다며 꺼린다고 했다.

태백에서 선교할 때, 주일예배를 마치고 목사님이 태백산에 한번 다녀오라고 해서 가벼운 차림으로 등산했는데, 그곳에는 그 유명한 주목이 여기저기 여러 군데 있었다. 살아서 천년, 죽어서 천년 간다는 나무였다.

당골이라는 곳을 지났는데 그곳이 산신령을 위한 무당들의 소굴이었다고 한다. 박정희 대통령이 그곳을 말끔히 청소했다고 했다.

매년 삼척 의료 봉사를 한다는 소문을 들은 삼척시장이 시의원 회의를 열고, 나에게 삼척 제1호 명예시민권을 줬다. 그래서 난 항상 든든했다. 혹시 공항에서 내 의약품이 압수 당해도 삼척시장이 해결해 줄 것이라고 믿었기 때문이다. 물론, 그런 일은 일어나지 않았다.

많은 사람이 청진기 하나, 전지 하나, 혈압기, 혈당 측정기만 가지고, 어떻게 그 많은 환자를 진료할 수 있느냐고 물었다. 그 대답은 언제나 같았다.

"오직 성령님의 도움으로."

환자의 말을 잘 들어보면 자기 병을 다 말해준다. 내가 그 말을 종합해서 다시 그에게 말해주면 그것이 진단이요, 치료였다. 많은 사람이 돈을 많이 쓰며 서울 여러 번 왔다 갔다 하며 몇 년 만에 겨우 알아낸 진단인데, 어떻게 당신은 검사도 안 하고 10분도 안 되어 꼭 같은 진단이 나오느냐고 하며, 명의라는 소문까지 났다고 했다.

많은 이들이 날 시험하려고 일부러 왔다가 똑같은 진단을 받아 놀랐다는 소문도 들었다. 무료 봉사하고 다니는 사람을 시험하다니… 사탄의 시험이라 하겠다.

매일 자기 전, 내가 얼마나 많은 오진을 했는가 반성해 보면 그런 경우는 별로 없었던 것 같다. 이것은 절대로 자만해서 하는 말이 아니고, 오직 성령님의 역사로만 해석이 가능해지기 때문이다.

간혹 나도 나 자신이 신기할 정도로 진단이 빨리 나와서 전도할 수 있는 시간이 주어져서 기뻤다. 물론, 내가 모르는 것은 모른다고 솔직히 고백했고, 그럴 때마다 환자들도 같은 소견을 들었다고 고백했다.

내가 아는 의학 지식은 빙산의 일각에 불과할 뿐, 나는 사실 아는 것이 별로 없다. 꼭 검사가 필요할 때는 병원에 가보라고 했다. 그리고 실제로 병이 낫는 것은 의사 덕분도, 약 때문도 아니다.

병을 낫게 하시는 분은 오직 전능하신 하나님 한 분뿐이심을 믿고 있었다. 각자 DNA가 다 다르게 창조되어서 치료 결과는 하나님만 아신다고 믿었다.

2008년도 강원도 의료 선교 날짜가 정해져 있었는데, 내 카포시육종(Kaposi sarcoma 일종의 전신암)이 재발해서 다시 인터페론(Interferon, 항바이러스 항암제) 주사를 맞게 됐다. 곧 죽는 그런 암이 아니라서 선교 후에 시작하려고 했으나, 너무 오래 기다리는 듯해서 우선 항암 치료를 시작했다. 3개월쯤 치료한 후 선교지로 떠났다. 한 달간 치료를 중단한 것이다.

그랬더니 부작용도 없어지고 입맛도 되살아나 힘이 솟아났다. 선교를 마치고 집에 오자마자 치료를 계속해서 6개월 만에 다 끝마쳤다. 암은 사라졌다.

결국, 병이 낫고 낫지 않고 하는 것은 인간의 노력보다는 하나님의 섭리로 이뤄진다는 사실을 증명한 것이 되겠다.

사람들이 묻기를 전도는 어떻게 하느냐고 했다. 나는 질문만 했고, 절대로 하라, 말라 명령하지 않았다. 예를 들면, 이제 진료는 끝났는데 내가 여기 온 목적이 전도이니 몇 마디 물어봐도 되겠냐고 물으면 거의 모두가 거절하지 않았다.

예를 들어, 아주 골수 불교신자이면 그 많은 교회 중 어느 한 교회에 가본 적이 있느냐고 물으면 없다고 한다. 그러면 나는 어머니 뱃속에서부터 믿었는데도 간혹 절에 가서 스님들과 대화한다면서, 믿지 않을 뿐이지 구경하는 데는 무슨 잘못이 있겠느냐고 하면 대개 수긍한다. 그럼 한번 교회에 나와 저들이 일요일마다 무엇을 하는지 구경차 와 보면 어떠냐고 물으면 대개 그렇게 하겠다고 답했다.

그러면 나는 성령님이 도와주시기를 기도했다. 나는 매일 집에 와서 자기 전에, 또 아침 큐티 시간에 간절히 기도했다.

'성령님 우리들의 약속을 기억나게 해주시고, 교회로 발걸음을 인도해 주시고, 성령님 내주하시어 우리처럼 믿는 사람이 되어 천국 백성이 되게 역사하여 주시옵소서.'

사람들이 선교지는 어떻게 정하느냐고 물었다.

그 대답은 하나다. '오직 기도로만!'

성경 이사야 6장 8절은 이렇게 말씀한다.

> 내가 또 주의 목소리를 들으니 주께서 이르시되 내가 누구를 보내며 누가 우리를 위하여 갈꼬 하시니 (사 6:8 상).

이때 이사야의 대답은 어떠했는가?

그 때에 내가 이르되 내가 여기 있나이다 나를 보내소서 하였더니(사 6:8 하).

나는 이 말씀대로 매일 기도 드렸다.
'다음 선교지가 어딥니까?
제가 여기 있사오니 저를 보내주십시오.'
그래서 선교지에서 오라고 할 때마다 기도 응답으로 믿고 즉시 감사하며 갔다. 항상 이 선교는 주님이 가시고자 하는 곳에 나를 보내신 것이라 믿고 최선을 다했다.

또 많은 사람이 20년 동안 생계는 어떻게 하고 다녔느냐고 묻는다. 나는 평생 저축해 놓은 것과 은퇴금으로 여생을 살 수 있다고 믿어 걱정하지 않았다. 그러나 선교 전과 후에는 매일 성실히 일했다.

사실 20년 동안 휴가는 단 한 번도 가본 적이 없었다. 그럴 시간이 없었다. 휴가, 병가, 학회 등 모든 주어진 혜택을 선교하는 데 바쳤다.

어느 날 선교에서 돌아온 다음 날, 병원에 가서 환자들을 보고 오후 5시 퇴근했는데, 내 간호사가 시차 때문에 졸지 말고 정신 차려 운전하라며 주의를 주었다.

집과 병원은 고속도로로 30분 걸렸다. 퇴근 시간인데도 교통 체증이 없이 모든 차량은 정상적인 운행하고 있었다. 한참 가다가 졸았던 것 같다.

문득 눈을 떠 보니 내 앞차에 부딪힐 뻔한 상황이었다. '졸지 말아야지 …' 하고는 또 졸았던 모양이다.

차가 덜컹거려서 눈을 떠보니 중앙 분리대를 지나 가운데 잔디 위를 달리고 있었다. 화들짝 잠에서 깨어 다시 고속도로로 진입했다. 즉시 차를 고가도로 옆에 세우고 잠시 눈을 붙이고, 겨우 집으로 온 경험이 있었다.

그 후 그곳을 지나면서 보니 어떻게 철기둥이 쭉 깔린 그사이를 빠져들어 갔으며 또 빠져나올 수 있었는지 … 또 어떻게 고속도로를 달리는 그 많은 차 사이로 다시 끼어들 수 있었는지 모를 일이었다. 사고 날 확률은 거의 100%였다.

그런데 어떻게 살아남았을까?

그 답은 오직 하나다. 성령님의 보호였다.

그날 나는 죽은 몸이었고, 사고가 났어도 대형 사고였을 것이다. 두 고속도로 가운데로 들어간 것도, 또 빠져나온 것도 제정신으로는 전혀 불가능했다고 본다. 그 후부터 나는 고속도로 타기가 겁이 났다.

선교 초기에는 "여비를 주십사"고 기도했으나, 주는 사람이 없었다. 내가 일하는 의료 기관의 많은 의사가 주식 거래를 하고 있으면서 나에게도 권했다. 나는 그것이 도박이라 생각하고 평생 회피해 왔었다.

그러다가 어느 날 한 의사 친구가 선교 떠나기 전 우량주 하나 사 놓고 갔다 와 보라고 했다. 당시 잘 나가는 마이크로소프트(Microsoft)와 구글(Google)을 사 놓고 한 달간 선교 갔다 와서 보니 주식이 엄청나게 올라가 있었다. 얼른 팔고 보니 선교 비용이 거의 다 충당된 것이다.

신기하기만 했다. 그래서 재미를 붙여 선교 갈 때마다 또 사 놓고 갔다 오면 거의 항상 예외 없이 올라가 있어서 선교 비용을 채울 수 있었다. 당시 미국 주식 시장은 매년 연속 상승세여서 무엇을 사든지 다 잘 되었다고 했다.

그러다가 9.11테러가 발생해서 주식이 폭락하는 소동이 생겨, 나는 완전히 중단했다. 그해여는 3-4월에 강원도 선교를 이미 다녀와서 별문제가 없었다.

오랫동안 즐기던 골프는 접었다. 그랬더니 골프 파트너에게도 덜 미안했다. 그 후 다시는 골프채를 잡아본 일이 없었다. 매년 자녀들과 함께 지내던 태평양 바닷가 캠프도 그만둔 지 오래됐다.

그러나 한 가지 두드러진 것은 기쁨이었다. 선교하면서 얻은 기쁨은 이 세상 누구도 줄 수 없는 참된 기쁨이었다. 선교 준비하는 한 달간, 선교하는 한 달간, 또 선교 후 집에서 회복하는 한 달 동안 기뻤다. 이 기쁨은 성령님께서 주신 참 기쁨이었던 것 같다. 간혹 고통과 고난 중에 실망과 우울 속에서 헤매다가도, 지나고 나면 기쁨으로 승화되곤 했다. 그런 기쁨은 하나하나 값비싼 대가를 치르고 얻은 것이었다.

그러던 중 내게 든 시험이 극쳐왔다. 내가 '위선자'라는 것이다. 그것도 다른 사람이 아닌, 내 도우미 두 사람이 어떤 목사님에게 말하는 것을 내가 들은 것이다. 그 말을 듣고 너무 억울했다. 내 딴에는 광고 하지 않고 인내와 사랑으로 선교했다고 생각했는데, '차라리 선교하지 않았으면 이등은 했을텐데 꼴찌를 하다니 …'

그래서 선교를 그만두기로 하고 '나도 남들처럼 그 돈과 시간으로 동남아 여행이나 유럽 여행을 했으면 최소한 위선자 소리는 듣지 않앉을 것이 아닌가' 생각했다.

거의 일 년 이상 초청이 와도 귀를 막고 시험에 빠져 있었다. 그래서 일 년 내내 하나님의 응답을 기다리며 기도에 힘썼다. 그 당시 문대식 목사님도 혹시 자기가 뭘 잘못해서 그런가 하며 안타까워했다.

한참 후에 나는 기도 응답을 받았다. 이번에도 큐티에서 그 해답을 찾았다. 데살로니가후서 1장 1-12절 말씀이 그 답이었다. 내가 위선자가 아니라, 그들이 나를 오해한 것이었다. 그래서 다시 의료 선교를 시작하게 되었다.

의료 선교할 때마다 나를 초청한 목사님에게 완전히 순종하기로 다짐했다. 환자 보고 전도하는 것 외에는 일체 그들의 뜻에 순종했다.

인도에 한 달씩 두 번 갔었는데, 목사님은 나에게 매일 아침 8시까지 준비하고 숙소 앞에 나와 기다리라고 했다. 항상 15분 전에 나와 기다렸다. 그러나 나를 데리러 올 사람은 항상 어김없이 한 시간 이상 나타나지 않았다. 그렇지만 나는 한 번도 화를 내거나 왜 늦었느냐고 한 적이 없었다.

그럴 때마다 마귀는 끊임없이 내 마음을 자극하며 '자존심도 없냐, 따끔하게 한마디 하라'고 충동질했다. 만일, 선교지에서 단 한 번이라도 화를 내거나 신경질을 부리면, 그 선교는 완전히 실패로 돌아갈 것으로 생각했다. 그럴 바에는 차라리 가지 않는 것이 더 좋기 때문이었다.

31번의 선교 중 매번 매 순간 인내에 인내를 계속했다. 하긴 첫 선교 때부터 배운 것이 인내였으니까.

언어, 역사, 문화, 풍습, 교육, 음식과 기후가 다른 제3국에 가서 할 것은 나 자신을 부인하고 인내하며 순종하는 것뿐이었다. 선교하며 배운 것은 나를 죽이고, 겸손과 또 인내, 화나고 기분 나쁜 것들은 참으면 조금 지나면 없어진다는 사실이었다.

결국, 겸손과 인내의 열매는 기쁨이었다. 그 기쁨은 이 세상 그 누구도 나에게 줄 수 없고 오직 성령님이 주시는 참 기쁨이었다.

어떤 사람이 묻기를 왜 미국이나 캐나다에서는 의료 선교를 하지 않느냐고 했다. 그 이유는 여러 가지겠지만, 우선 이 두 나라에는 무의촌을 찾아보기 힘들고 아무리 의사가 없더라도 보건소가 곳곳에 있어서 의료 선교가 실상 필요 없었다. 또 이 두 나라는 이상하게도 좋은 것은 밝히지 않고 나쁜 것만 꼭 집어 조금만 잘못하면 의사를 법적으로 고소해서 돈을 뜯어낸다. 그래서 미국 내에서 의료 선교하겠다는 의사가 하나도 없다. 그래서 나는 주로 의학 강의를 하며 개별적으로 하는 질문에 답하는 것으로 도움을 줬다.

생명의 위협을 느낀 적도 두 번이나 있었다. 1996년 바부다 의료 선교 가던 때였다. 우리 내외가 탄 비행기가 애틀란타를 떠나 안티구아공항에 가던 중, 갑자기 기내 방송이 나왔다.

"지금 엔진 하나가 불에 타고 있으니 혹시 있을 일을 대비해서 승무원들이 여러분들을 돕겠습니다."

창밖을 내다보니 과연 엔진에서 불이 나고 있었다. 미국과 안티구아 사이에는 대서양이 있고 지금 그 위를 건너가고 있는 것이다. 아내는 계속 기도하고 있었다. 그런데 나는 전혀 달랐다.

'내가 그래도 주님이 가시고자 하는 곳에 주님이 보내서 가는데, 선교 마치고 집으로 돌아가는 길이라면 몰라도, 도착도 하기도 전에

죽이시겠는가.'

그러면서 내 마음속에 '내 한 사람 때문에 이 비행기에 탄 사람들이 다 안심하여도 된다'고 생각했다. 그러면서 기도했다.

드디어 비행기가 땅에 닿는 소리가 들리더니 착륙하는 것이다. 창밖을 내다보니 소방차가 줄을 지어 따라서 오고 있었다. 처음 겪는 비행기 사고였다.

다음 해인 1997년 바부다 의료 선교 때 또 한 번 이런 일이 있었다. 이번에는 안티구아공항에서 바부다 섬으로 가는 도중이었다. 단발기에 탑승한 승객은 20명 정도였는데, 외딴섬인 바부다에 도착하니 해가 이미 져서 어두워졌다. 우리 비행기가 착륙을 시도하는데 갑자기 공항 활주로 전기가 완전히 꺼지는 것이었다. 비행기는 다시 올라가 섬 주위를 맴돌기 시작했다. 모두 공포에 휩싸였을 것이다.

그런데 나는 그렇지가 않았다. 똑같은 이유에서였다.

'주님께서 가시고자 하는 곳에 나를 보내셨는데, 어찌 시작도 하기 전에 죽이시겠는가.'

그래도 정해진 휘발유가 얼마나 오래 지탱할 수 있을지 염려되었다. 한 10여분 지나니, 활주로의 전기가 다시 들어왔다. 결국, 우리 비행기는 무사히 착륙할 수 있었다. 이런 두 번의 경험으로 그 후 선교를 떠날 때는 꼭 유서를 써서 내 책상 위에 두고 다녔다.

"참 좋은 일 한다."

"슈바이처 같다."

내게 이렇게 말하는 사람이 있었다. 그때마다 나는 하나님의 말씀으로 대답했다.

> 너희 중 누구에게 밭을 갈거나 양을 치거나 하는 종이 있어 밭에서 돌아오면 그더러 곧 와 앉아서 먹으라 말할 자가 있느냐 도리어 그더러 내 먹을 것을 준비하고 띠를 띠고 내가 먹고 마시는 동안에 수종들고 너는 그 후에 먹고 마시라 하지 않겠느냐 명한 대로 하였다고 종에게 감사하겠느냐 이와 같이 너희도 명령 받은 것을 다 행한 후에 이르기를 우리는 무익한 종이라 우리가 하여야 할 일을 한 것뿐이라 할지니라 (눅 17:7-10).

거기에는 밭을 갈거나 양치는 종에 관해 질문이 세 번 나오고, 대답이 하나 나온다.

종이 들에서 돌아올 때 어서 와서 식탁에 앉으라고 말할 주인이 어디에 있겠느냐?

오히려 그에게 말하기를 "너는 내가 먹을 것을 준비하여라. 내가 먹고 마시는 동안에, 너는 허리를 동이고 시중을 들어라."

그런 다음에야 "먹고 마시라"고 하지 않겠느냐?(물론이다).

그 종이 명령한 대로 하였다고 해서 주인이 그에게 고마워하겠느냐? (물론 그렇지 않다).

이처럼 너희도 명령을 받은 대로 다 하고 나서 "우리는 쓸모없는 종입니다. 우리는 마땅히 해야 할 일을 하였을 뿐"이라고 하여라(당연하지요).

이것이 내 대답이었다.

이 예문은 내가 좋아하는 말씀 중에 하나다. 왜냐하면, 이 말씀은 예수님께서 직접 하신 말씀이니 좋았고, 여기에 그 대답이 명확하게 나와 있기 때문이다.

우리는 모두 다 주님 앞에 종이라고 한다. 그러니 말로만 말고 실제로 종 노릇을 해야 한다고 생각한다. 많은 사람이 말로는 종이라고 하면서, 주인처럼 행세하는 것을 본다.

나는 주님의 명령을 행한 후에, 즉 의료 선교한 후에 기도한다.

'저는 무익하고 죄 많은 악한 종입니다. 이 종에게 이렇게 늦게라도 깨우쳐 주시고 귀한 기회 주시니 감사할 뿐입니다. 그동안 게을렀던 이 죄인을 용서해주시고 계속 써 주시기를 기도합니다.'

이것은 겸손의 기도가 아니다.

그래서 나는 의료 선교 중에 절대로 대접받는 것을 거절했다. 그저 마땅히 해야 할 일, 그것도 뒤늦게 깨닫고 시작한 일을 하는 것뿐이니 말이다.

그리스도의 종으로서.

그리고 나는 그저 밥 한 그릇에 국 한 사발이면 만족했다. 어떤 칭찬도 원치 않았고, 오직 주님의 인정을 받기 위해 모든 수고와 고통을 감당한 것이었다.

어느 날 한 달 동안 선교하고 교회에 갔더니 한 장로님이 그동안 휴가 갔었냐고 물었다. 떠나기 전 기도해 주겠다고 약속해 놓고 잊어버린 모양이다. 그날 아내와 집으로 오면서 정말 기뻤다. 이번 선교는 진정으로 하늘에 상급이 있을 것으로 생각했기 때문이다. 오직 하나님과 우리만 아는 선교였으니까.

제21장 세계 의료 선교를 마무리하며   197

[시애틀에 있는 한 미국인 교회, sawing club에서 선교사들을 위해
십 수년간 함께 모여 헌신한 총책임자 할머니 집]
아내와 함께 탄자니아에 가져갈 옷을 챙기고 있다.
아내는 바느질 선교 사역에서 여러 할머니와 함께 오래 봉사 했다.

기고글

내가 본 김인국 박사

문 대 식 목사
삼척열린교회 담임목사

　김인국 장로님이 고령에 병환으로 많이 힘들어 하신다는 소식을 듣고 하나님의 은총과 도우심을 구하며 기도하던 중, 박해동 선교사님을 통해 『나의 의료 선교 20년』이라는 책이 출판 준비되고 있다는 소식에 크게 감사했다. 그만큼 김인국 장로님의 의료 선교는 많은 도전과 그리스도인들의 선교와 선교에 임하는 마음 자세에 관해 많은 것을 깨우쳐 주기 때문이다
　김인국 장로님의 만남은 1997년경으로 거슬러 올라간다. 지역교회를 섬기며 지역 복음화를 위해 주 2회 경로 식당을 열어 삼척시와 협력하여 300여 명에게 점심 식사를 제공하면서, 월 1회는 경로대학을 열어 다양한 유력 인사들을 강사로 모시고 노인들에게 유익한 강의를 마련하였다.
　이 사역을 위해서 강사를 섭외하는 일이 쉽지 않던 중에, 고국을 찾아 태백 지역에서 의료 선교를 하시는 재미교포 김인국 장로님의 이야기를 방송을 통해 알게 되었다. 즉시 연락을 드려서 모시게 되었

고, 우리 삼척중앙교회 경로대학에서 <선교적 건강>을 주제로 강의하시게 되었다. 이후로 김인국 장로님과 선교에 대한 마음이 일치하여 20여 년간, 한결같이 한 달 일정으로 의료 선교할 교회들과 사전에 협의해 놓으면, 장로님은 그 멀고 먼 곳을 마다하지 않고 언제든지 달려와서 헌신적인 의료 선교와 건강 강좌를 해주셨다.

특히, 2002년 태풍 "매미"가 전국을 강타했을 때, 가장 피해가 심했지만 도움의 손길이 부족했던 울릉도 전역의 교회들을 섬겨주셨다. 이처럼 강원도 삼척 지역은 물론 휴전선이 가까운 북단 고성에 이르기까지, 골짝 마을까지 대부분 찾아가서 지역 복음화를 위해 의료 선교를 펼친 것은 정말 값지고 감사한 일이다.

이제 의료 선교 20년 회고록을 발간하시는 일을 앞에 놓고 그간 함께하였던 김인국 장로님의 의료 선교에 대해 보고 느낀 바들을 정리해 본다.

첫째, 철저한 자비량을 원칙으로 하신다. 의약품 준비와 일체의 선교에 필요한 경비 그리고 비행기 티켓까지 직접 준비하시는 것이다

둘째, 의료 선교의 현장에서도 교회나 성도들의 도움 없이 직접 모든 것을 해결하는 것이다. 심지어 취사 도구까지 준비해 오실 만큼 자신이 해결하시면서 지역 교회를 위해 헌금을 하셨는데 여기서 만들어진 것이 바로 "위트머스-김 구제 기금"이다.

김 장로님은 20여 년 동안 의료 선교를 위해 전해주시는 헌금을 전적으로 나에게 맡겨서, 지금까지도 운영되고 있는데 원금은 보전하면서 그 이자로 매년 어려운 지역 교회와 성도에게 도움을 실천하고 있다. 우리는 김 장로님의 헌신에 감동하여 성도들에게도 선교에 동참할 것을 요청했고, 후에는 지역 교회를 돕는 마음으로 하루 일정

을 마친 후에는 저녁 식사나 꼭 필요한 것들을 협력하였다.

셋째, 김인국 장로님의 의료 선교는 "무료 진료"가 아니라 "의료 선교"기 때문에 교회가 협소하고 열악하다 할지라도 지역 주민들이 교회를 찾아올 수 있도록 교회에서 실시했고, 기회가 되는대로 복음을 전하여 다시 교회를 찾아올 수 있도록 하였다. 대부분 어려운 교회들을 중심으로 실시했기 때문에 적은 헌금이라도 꼭 전하려고 하셨던 진정 마음 따뜻하신 장로님의 의료 선교였다.

20여 년에 걸친 김인국 장로님의 의료 선교를 옆에서 협력하며 참 많은 교훈과 함께 은혜를 받았다. 한번은 강원도 모 지역의 의료 선교 일정이 잡혀있는 가운데, 미국에서 중한 병으로 고생하게 되어 치료 중에 있어서 과연 오실 수 있을까 걱정하는 가운데서도, 장로님은 약속대로 찾아오셨다. 강릉터미널에서 너무나 힘들게 보이는 장로님의 모습을 보고 의료 선교를 잘 마칠 수 있을까 걱정했지만, 매일 새 힘이 솟아나고 마칠 때쯤에는 아주 강건한 모습을 보면서 정말 하나님의 은혜로 이루어지는 선교임을 확인할 수 있었다.

아무쪼록 김인국 장로님의 『나의 의료 선교 20년』이 독자들에게 선교의 비전을 심어 주고 감동과 유익이 되기를 간절히 기원한다.

에필로그

'내가 만일 다시 태어난다면 좀 더 일찍 시작해서 젊은 나이에 좀 더 많은 이웃을 도울 수 있지 않았을까?'

아쉬운 마음이다. 나는 젊은 내 후배 의사들에게 너무 늦기 전에 최소한 한 번쯤 봉사 정신으로 의료 선교를 해볼 것을 권했다. 아마 그의 생에 가장 고귀한 선택으로 올 것이라 믿는다.

모든 선교를 다 마치고 내가 느낀 것은 이웃을 위한 의료 선교라 생각하고 했는데, 결과적으로는 나를 위한 것이었고 주는 줄 알았는데 내가 더 많이 받았다는 것이다.

"주는 것이 받는 것보다 좋다"(It is better to give than to receive)라는 말이 있는데, 아마 우리 주님 예수 그리스도께서 "주는 것이 받는 것보다 더 축복을 받는다"(It is more blessed to give than to receive)라고 하신 말씀에서 파생된 말일 것이다.

그런데 이 말은 하나도 틀림없는 진리였다. 세상이 줄 수 없는 기쁨과 더욱 깊어지는 믿음을 얻는 시간이 되었다.

이 글은 사실 「생명의 삶」 큐티 묵상 나눔을 통해 알게 된 선교사 박해동 목사님께서 가끔 내 댓글을 보시고, 혹시 내 경험을 한번 글로 써보는 것이 어떠냐 하시기에, 고민하며 기도한 후에 결정하고 시착한 것이다.

몇 년 전에 말기 폐암 진단을 받고 옛날 같으면 벌써 죽었을 몸인데 웬 은혜인지 웬 사랑인지 지금도 살아 숨 쉬고 있어서 이 글을 쓸 수 있게 해주신 하나님께 감사와 찬송을 올려 드린다.

나에게 주신 재물과 은사는 이웃을 위해 쓰라고 주신 것이니 이웃과 나눈다는 것은 마땅한 일이라고 생각한다. 옛날 미국 역사상 최고 부자 존 록펠러는 50대 젊은 나이에 영양실조로 골골 앓으며 죽을 날만 기다리고 있었는데, '주는 것이 받는 것보다 더 낫다'라는 말을 듣고 즉시 실천에 옮겨 그다음 날 비서를 불러 자선할 방법을 찾으라 해서 그 많은 자선 사업을 시작했다고 한다. 그랬더니 자기도 모르는 사이에 입맛이 돌아오고 자기 건강이 회복되어 98세까지 살았다는 이야기를 들은 적이 있었다.

죽음에서 생명으로, 절망에서 소망으로, 우울증에서 기쁨으로 향하게 하는 최상의 통로는 이웃에게 나눠 주는 사랑이라 생각한다.

인생의 성공이란 무엇인가?

성경 잠언서는 지혜롭게 사는 것이라 했다.

그럼 무엇이 지혜인가?

하나님을 경외하고 그의 말씀대로 사는 것이라 했다.

다섯 달란트 비유가 바로 그것이다. 받은 만큼 내 이웃을 위해 쓰라는 것이다. 아주 작은 자에게 행한 일은 곧 주님께 한 것과 같다고 하셨다.

그럼 누가 내 이웃인가?

가깝게는 내 주위 사람들이고 넓게는 이 세상 모든 사람이라 하겠다.

끝으로 내가 의료 선교하면서 얻은 것은 세상이 줄 수 없는 기쁨이었다. 그리고 선교 마치고 집에 오면 내 믿음이 자라는 것을 항상 느꼈다.

선교 중에는 성령님께 많이 의존했고 또 하나님의 임재를 느낄 수 있었다. 어려움에 부딪힐 때가다 더욱더 그랬다.

더 실감 나는 것은 매일 새벽에 일어나 큐티부터 시작했는데 이상하리만큼 그날 아침 큐티 적용대로 되는 것을 볼 때마다 신기하기만 했다.

2015년 9월 삼척 의료 선교를 끝으로 내 나이 77살이 되니 마음은 원하나 내 몸이 감당하기 어려워서 더 이상 선교할 수 없었다.

이 책을 읽는 독자 중 특별히 의료인들이 매일 일하고 있는 '병원에서' 잠시 시간을 내어, 주님이 주신 선물인 병 고치는 은사로 내 이웃에게 '천국 복음'을 전하는 의료 선교를 꿈꿀 수 있는 동기가 된다면 더 이상 바랄 것이 없겠다.

끝으로 단 시일에 이 책을 편집 및 출판해주신 기독교문서선교회(CLC)의 넓으신 아량과 직원들의 노고에 진심으로 감사 드리며, 또 시종일관 온 힘과 정성을 다해서 동분서주 헌신적으로 보살펴 주신 박해동 선교사님께 감사 드린다.

무엇보다 이 모든 감사한 일들 위에 여기까지 인도해 주신 하나님께 감사와 찬송을 올려 드린다. 아멘.

2023년 12월 2일 미국 시애틀에서

부록

Medical Mission in Barbuda(Hurricane Luis 1995)

Report to Mr. Ed. Oshiro

Dear Ed:

I am writing this letter to you to give you a more detailed story about Hurricane Luis and the effect it had upon my wife's and my own life.

On August 30, I left home around 4:30 a.m. and arrived in Antigua around 10 p.m. It was a long day. However, being a dream of mine, this medical mission had me very excited. I had prepared myself for this mission by taking preceptorship in specialists in ophthalmology, dermatology, obstetrics and gynecology, gastroenterology, cardiology, psychiatry, and general practice.

Upon our arrival at Barbuda on August 31, we thanked God for our safe trip. We unloaded our luggage consisting of medical supplies, some of which I had purchased, specifically for this mission.

On Friday, September 1, I checked in at the hospital at 8:30 a.m. as instructed. It was a busy day. I took care of the patients the best I could. It went well. The clinic lasted until 1 p.m. It seemed that I passed the first test of general practice. I recall appreciating the long hours of preceptorship that

부록 Medical Mission in Barbuda(Hurricane Luis 1995) 205

I had so diligently prepared with. I also recall some of the hardships that came with the duties that I had to perform. One condition that consistently comes to mind was the heat. It was sticky, humid, hot weather, with no air condition. Every time I performed surgery, my gloves would come off dripping with sweat. Despite the hot weather, to display dignity, I decided to wear the white doctor's gown which I had brought. The discomfort this caused was nothing compared to the other experiences I had later. I was glad I had brought some 500 Chemstrips for blood-sugar testing, because they had just run out. The bacitracin I had brought was a wise choice because they also had just run out of antibiotic ointment. At the end of the day, my wife and I took the doctor's car, a 4-wheel drive truck, and drove around Codrington, which was the only village on the island. It is a small town with a population of 1,500. There were some stores, and some churches. Ninety-nine percent of the people were black.

When I stopped at the police station to obtain a driver's license, apparently the officers had just began a game of chess and asked me to "wait." So after spending some time shopping for groceries, I received my license. The rest of the day was spent at the doctor's house. It was very large and completely surrounded by mosquito nets. Each bedroom had a ceiling fan, in addition to the numerous portable fans available. The kitchen was well equipped with a refrigerator, freezer, microwave oven, and a gas stove. There was one black-and-white TV with only one channel.

The thing that comes to mind first is a large, black binder with all kinds of letters, comments, and instructions. We called it "black book." There was invaluable information in it about the cistern, the truck, beaches, swimming, and snorkeling, shopping, and even bugs. I looked over the book aimlessly, not realizing there were valuable messages, particularly by the August doctor. I then checked the water level of the cistern, which was 93% full. As instructed by the black book, I added three cups of Clorox to purify the water. You see, the cistern had become full due to Hurricane Iris, which had passed by only one week before our arrival, according to the August doctor's note. Toward the end of the day, watching the sunset over the lagoon was quite memorable. Then the nightmare began, a constant battle with no-see-ums, water blister bugs, and mosquitoes. To go to sleep, we were forced to put on long pants with socks, shirts with long sleeves, and insect repellent cream. In addition to all this, we had to turn on many fans. It was humid, sticky uncomfortable night, yet bearable.

The next day, I started off by reading the black book again, and then my wife and I decided to take the truck to explore the island. We drove to the beach. We swam and snorkeled. There were just two of us on the whole beach, with no one else. The sand was white and clean, and the water was clear. There was abundant tropical fish around the coral. It was fun and enjoyable. We stayed for only 40 minutes, thinking that we had a whole month to go there. Little did we realize that this was to be our first and last time! Returning home, we took a quick shower. We had to conserve water. Here they say, "Don't flush after number one! Flush only after number two!" It was essential to conserve water in the doctor's house, because no water meant no doctor. Having forgotten a transistor radio, we relied on the TV for the evening news. It announced that Hurricane Luis, which would be the biggest and the hardest ever, was coming towards Antigua and Barbuda within a 48-hour period. This was the main news. They gave us detailed instructions on how to prepare for this. I looked at "black book" again. The August doctor made a clear statement that the doctors' house was good for sun protection but not for storms, even though it was built to be hurricane-proof. In regard to recent Hurricane Iris, they describe how terrified they were by the 70 mile-per-hour wind speed. They advised us to move to a shelter if a hurricane came again. My wife and I were somewhat puzzled about the whole thing. We prayed to the Lord, "What have we done to deserve this?" As the TV announcer and the village people suggested, we began to pack all over again, essentials into one suitcase the nonessentials into another.

The next day was Sunday, September 3. This was the day we had waited for, to attend the church for services. Before leaving home, we turned on the TV to check for updates. They were now seriously talking about Hurricane Luis, with a clearly defined hurricane eye and an average wind speed of up to 140 miles per hour. This meant Hurricane Luis would be twice as bad as Hurricane Iris. The chance of it passing through Barbuda was about 95 percent. We were becoming quite scared. Trusting God, we visited the Living Faith Baptist Church, which was said to be the smallest church on the island. We wanted to explore the opportunities to help needy people by donating some unused clothes my wife had brought. The clergyman chose hymns regarding the coming hurricane, "Jesus Commands to Stop Wind and Storm." The sermon was "to pray, to humble ourselves, and not to fear the hurricane." During the service, I was sweating so profusely that my underwear was completely soaked. But we didn't complain. We realized later that this experience was nothing compared to the suffering to come. After the service we tried calling home to Bellevue, Washington, to ask our son to call the pastor of our church to pray for us and the people in Barbuda, but we were unable to leave a message because it was a collect call. The TV continuously announced the updated version of the hurricane. It would hit Antigua and Barbuda on Monday, September 4, around 2 p.m. They gave instructions on how to prepare. My wife and I had much work to do. We closed all the shutters, 12 of them, and anchored them with nails. We did the same to the doors of the three bedrooms and the kitchen. we put all the loose objects on the floor in the center of the house. We made sure that all the shutters were securely fastened, particularly on the east side where there were shelves with many books donated by the previous doctors. We took the most valuable book, "the black book," with us, just in case. We disconnected the gas tank, and put it in the barn. We turned off the main power switch of the house. Finally, we took the truck and ambulance, which were stored under the doctors' house, out from under the house in case the house collapsed on them.

On the morning of September 4, we had a quiet time (QT) and prayed. I went to work as usual. At first there was no one in the hospital. Eventually a few patients arrived. One particular case that stood out was an old man with congestive heart failure. Despite the circumstance, I treated each patient with great care. Around 10 o'clock everyone was hurrying home in preparation for the hurricane which would hit us around 2:45 p.m. Not knowing what to do, my wife and I took our nonessential luggage to the hospital, where it would be safe. The wind started to blow a little harder and the sky became gray. Yet, still there was no word from the town council for an escape plan. All they had told us to do was " wait." The people there were extremely slow, probably due to hot, humid weather. It was 1 p.m., and still we did not hear from the town officials. We had lost our appetite and couldn't eat anything. In one to two hours, the hurricane would hit us. Finally word had come and we were taken to a private house. This house was built of concrete on all six sides, which made it hurricane, fire, and earthquake proof. It was the best one in town. We thanked God for His answer to our prayers. Initially I was quite upset because the town council had ignored us. But I believe that it was God testing our patience and endurance.

Interestingly enough, the owner of the house was a nurse practitioner who had come to see me as a patient on the first day after the clinic was over, without an appointment. She had a chronic eustachian tube insufficiency. Also, I found out that it was her father that came to see me in the morning with congestive heart failure. I didn't recognize them until they reminded me of their medical conditions. They had heard that the doctors' house had rocked like a boat during Hurricane Iris and thought if we stayed there we would not survive this hurricane. Apparently she had cleansed her house spotlessly and even given us her own bedroom. She tried her best to comfort us and to reassure us, and was very careful not to interfere with us.

As predicted, Hurricane Luis started around 2:45 p.m., September 4. Initially the wind speed was about 70 miles per hour. The first thing it did was to knock out the power lines, so we had to use kerosene lamps for illumination. As the day became darker, the wind speed went up to 100 miles per hour. We had to close all the doors to prevent flooding the house. Humid, sticky air was so uncomfortable that we were unable to sleep all night.

In the middle of the night, the wind speed increased to 140 miles per hour. The noise outside reminded me of a jet engine, only ten times louder. It was pure hell and very fearful. Thinking hell might be worse than this, my wife proclaimed that she was determined never to go to hell. My wife and I sang hymns and prayed to God, thanking Him for the shelter. We also asked Him to keep us and the villagers safe from harm.

As the wind died down considerably, the day started to break. Out of curiosity, we desired to peak outside. When we opened the shutter slightly, the wind was blowing so hard that it felt like a giant vacuum. At around 6 a.m. the wind died down almost completely. As we surveyed the damage, we discovered that many roofs were blown away, trees were broken everywhere, and electric lines were hanging like webs. Some houses no longer existed. Deep water was everywhere. I later discovered that the flooding was also due to heavy waves from the lagoon. Fast moving clouds caused the sun to be vaguely visible. Despite the huge storm we had just encountered, there was no wind whatsoever. It was dead calm. Finally, I saw a patch of clear blue sky above my head. The eye of the hurricane!

The clouds were circling very certainly and slowly around the margin of the blue sky in a counterclockwise fashion. I remember the feeling of awesome wonder witnessing the eye of this hurricane. It was so beautiful and serene that one would never believe any reports of a hurricane whatsoever. Disregarding the vast damage caused by the fury of the storm, I would have to proclaim that it was clear beauty.

The eye of Hurricane Luis passed right over Barbuda, taking exactly three hours. I estimated that the first wave of the storm took 15 hours. Knowing that there would be a second wave, my wife and I waited in terror. At around 9 a.m., the wind started all over again. This time the wind was 180 degrees in the opposite direction. The hurricane seemed determined to get rid of all the remaining roofs of the houses and the remaining leaves of the trees. It was hell all over again: hot, humid, sticky, and uncomfortable. My wife and I had not had a decent meal for now over 36 hours. Due to the change in the direction of the wind and the rain, water seeped through the windows and shutters, flooding the house. My wife constantly soaked up water with a towel for some 10 hours. Exhausted, she worked continuously, having had no sleep or food for 48 hours. The second half of the hurricane was much worse that the first. At one point, the wind gusts reached up to 225 miles per hour, according to the radio announcement. We both were completely exhausted and weak due to hunger.

The next morning the wind had died down considerably but was replaced with thunderstorms. By midmorning it was safe enough to go outside, so I took the truck and surveyed the town. The house where we had stayed was undamaged, with the exception of a missing cistern cover. The trees and all the branches had completely lost all their leaves. There wasn't a single house in town undamaged one way or the other. Even some houses were blown completely away, leaving only vague traces behind. Many trees were uprooted and even blown away. One huge tree with heavy roots was found in the middle of a street, as though someone had decided to pick it up and just place it there. The damage to the peninsula surrounding the Codrington lagoon, broken through in three different places within a distance of a mile's length, displayed the power of the storm. The town's generator was badly damaged. Some locals announced that it would take three to four months for the town to restore electric power and telephone service.

Going through the doctors' house, we found massive damage. About two-thirds of its roof was gone. All the shutters were loose or blown away, some even stripped from their nails. All the ceiling fans of the bedrooms were on the floor, broken. The kitchen floor was completely destroyed. Water leaking from every part of the ceiling caused pools of water. All the chairs and tables were blown away. All the books on the shelves were wet. All six beds were soaking wet. The mosquito net which had surrounded the house was completely torn away. None of it appeared to be intact. It was a total mess. We were very glad that the black book had warned us to move out in the case of another hurricane. Thinking back we decided that had we stayed, we would have been dead during the night, either from fear or shock or loose objects.

The most surprising news of all was that there were no casualties whatsoever in the island during the hurricane. I was greatly concerned about any serious illness or major injury requiring evacuation to a major medical center. Due to the storm, airline service had completely ceased. Despite feeling helpless due to the lack of facilities for any major medical care in the village, surprisingly everything went quite smoothly. Looking back, I recall being extremely thankful that the majority of problems occurred only after the the airline service was restored. I thanked God for keeping us safe during this ordeal, and also for keeping the towns people safe from danger.

Due to the badly damaged doctors' house we had to move again, for a third time. Again there was a waiting game. It took several hours for them to decide where to relocate us, because the doctors' house was not inhabitable. Finally, word came to us from the Barbuda Council to go to a house in town. We arrived at that house with our luggage. The floor of the house was submerged in one to two inches of water. We had to remove the water before moving into the house. Ironically, we found that there was no water, due to lack of electricity. To obtain water, we had to take all the available pots, pans, and pails in the truck and drive to the doctors' house, pump the water out of the cistern, put them back in the truck, drive to the new house, unload the water, bring it into the house, and so on. It was an enormous amount of work. This kind of unexpected extra work rewarded me with a herniated disc. However, although it was hard work to bring water into the house, we were well rewarded. Taking our first shower and brushing our teeth after three days made us feel reborn and refreshed. These simple routines were not appreciated prior to that time, and I realized how spoiled we were living in a civilized society.

As I mentioned before, the locals announced that there was to be no electricity for three to four months. It meant no fans, no lights, no ice, no flushing toilet, no water in the kitchen for dishes, no showers, and so on. We collected all the used water to flush the toilet, because we had to conserve water for the future doctors. Despite these laborious tasks, we did not complain. Rather, we thanked God for our discipline, training, testing, and teaching.

The day after the hurricane, September 7, I went to the hospital. Contrary to the bright, sunny morning, the hospital was badly damaged. There was water in every room. The whole place was wet, filthy, and messy. I was the only medical personnel who came to work on time on that day. Only city workers were there, mopping the floor and cleaning the yards. A little while later, a few patients came with cuts from galvanized sheets of steel. For several days after the hurricane, all the hospital personnel, including nurse aides, pharmacists, and clerks, contributed and slowly but patiently cleaned the hospital every day, without complaint or cursing, but rather singing hymns. Everything had to be taken outside, dried, cleaned, and some even replaced. A considerable amount of supplies were discarded due to contamination by the storm. In all my confusion, I was amazed to see the townspeople's composure. It was as though they expected this kind of disaster to come and took its consequences gracefully. They seemed to know exactly what to do after such massive destruction. After the clinic, I wanted to make a phone call to my home in Bellevue, but all the telephone lines in the village were dead. After such an unexpected hardship associated with disappointment, my wife expressed her wish to return home and I did not blame her.

Despite the circumstances, she wanted to help people in the village after the hurricane. We wanted to show our sincere love to our fellow Christians and the villagers, but we didn't know how. Thankfully, during the preparations before we left home, my wife packed a bag full of clothes. She felt that this would be the best time to distribute them, particularly to the families who had lost everything in the hurricane. So she gathered some information from the villagers and found a person knowledgeable of such needy families. So she gave all the clothes to her. Encouraged by her scouty deed, she was very happy and willing to stay and support me and the townspeople.

The inconvenience of no telephone service was quite enormous. Everything I did I had to do in person. I recall one day when one of the tires was flat because of a loose nail on the road. Since there were no telephones working, I had to go to the shop to make an appointment, and then went back again for the repair of the tire. Often I had to make the trip several times. It was then that I realized that I was to get much more out of this mission than I had bargained for.

I remember you telling me that all I had to do was see patients from 8 to 1 p.m., and spend the rest of my time in leisure recreation. But due to the hurricane, I saw patients constantly. Many patients were brought to my attention with cuts, aches, pains, bleeding and other minor, yet annoying injuries. As of that day, we had gone to see the beach only once, How about that! At times I wondered whether or not I had come here for a medical mission or for hurricane drills and moving exercises. So far, we had packed and unpacked six times already. Still God's plan was unclear to us. Everyone in the village was busy fixing their roofs and drying their wet clothes outside. I stopped at the doctor's' house, took some of the books off of the shelves and dried them page by page. It took several days to dry these books. As for the doctors' house, it was still soaking wet, messy and filthy. Due to the torn screens, the house was filled with mosquitoes and even lizards. The power lines and electric poles were still down. Galvanized sheets were scattered all around the yard. What a mess! Yet, I didn't dare ask the council for help, because they were overwhelmed with their damaged roofs. There were so many priorities.

The morning of September 9 (Saturday) was very pleasant, despite our continuous battle with the bugs throughout the night. We did our QT together as always and thanked God for everything. We decided to drive to the beaches even though the villagers said it would take a few weeks to clean the road. With only a few weeks remaining, we decided to visit some more places. However, after about a 10-minute drive, we returned home because the roads were badly damaged, far more damaged than we had anticipated. Even the four-wheel drive truck was not enough to drive through it. The roads were completely covered with sand and seaweed tossed up by tidal waves, and were obstructed by the uprooted trees. I was glad to have returned home early because of the arrival of the relief aid from the U.S. and Antiguan government. I was invited to discuss the medical problems after the hurricane. I told them I needed plenty of antibiotic ointment, like bacitracin ointment, due to so many infected cuts and puncture wounds from nails and metal objects which were scattered around by the hurricane. I also advised them that street cleaning was badly needed. Later in the day, someone knocked at the door and left some flour, rice, cookies, canned tuna, and bottled water as hurricane aid. Our last occasion to receive aid was during the Korean War, some 45 years ago. We felt good because they treated us, in a sense, as one of them, and we wanted that.

On September 10 we decided to go to the Pilgrim Holiness Church. We were determined to visit different churches every Sunday. They included the Pentecostal Church and the Anglican Church. The pastor thanked God for His protective hand during the hurricane. Later he announced that there would be a thanksgiving service in the town square with all the churches together. Despite all the destruction to the town, many people came to celebrate and show their thanks to God. With not one smile missing from any person's face, they were singing, dancing and clapping their hands merrily. Not one person expressed sadness. I truly felt I was part of them due to their welcoming and joyful disposition. I believe that it was due to our common belief and also our willingness to stay despite the suffering during the hurricane.

By then, we had adapted quite well to the weather there. We were living in a modern house without the benefit of modern technology due to the absence of electric power. Our true enemies were the bugs.

Basically there were three kinds of bugs: mosquitoes, water blister bugs, and no-see-ums (tiny black sand flies). The mosquito screens were adequate for protection from the mosquitoes and the water blister bugs. In addition to this, my wife sealed off all the cracks and gaps of the house with tape. We could get rid of water blister bugs by killing them one at a time with our hands. They look like ants with wings. They measure about one centimeter in length, They were capable of flying and jumping. They were everywhere. As they crawl on your skin, they urinate. The urine (some kind of secretion) causes a big blister on your skin measuring about two centimeters in diameter, which causes itchiness. If you scratch at it, the blister ruptures leaving bare skin, This spot becomes very sore and painful when you touch it, particularly during a shower. It takes weeks to heal. My wife, having three such blisters on the nape of her neck, suffered dearly for about two weeks. When we discovered that this bug was the cause, we became very neurotic and fearful whenever we saw this bug in the house. They would always fly around the kerosene lamp. One night I missed killing one and my wife was very upset at me for being so careless. We almost had a big quarrel over one bug, because we knew of its consequences. Later that night I found that water blister bug and killed it, and my wife's nervousness was calmed. This kind of event recurred every night until we left the island. Once, I felt this bug inside of my shirt while examining a patient at the clinic. I rushed to the bathroom undressing myself. I found the bug and killed it. When I returned, my nurse inquired as to what I was doing. Hearing of my over-sensitivity, she laughed for a long time. However, to me it was not a laughing matter. I would frequently find this bug in the pocket of my gown or even inside of my cap.

At least I could see this type of bug and kill it. The real problem was the no-see-ums, or sand flies. This bug looks like a tiny piece of black dust flying in the air. It penetrates through screens and mosquito nets. One day I found some black dust floating on the surface of my coffee as I drank it. Looking at it more carefully, I found that they were the ums. Investigating more, I noticed that my sugar bottle was filled with them. Observing closely, I had noticed that they were everywhere. Clusters of sand flies were always found on the surface of the water in the cistern, on the water in our pots, on the toilet water, and in our food. Trying to resolve our desperate situation, we put the leftover food in the refrigerator, which was airtight. We found that we did this to no avail, for the food became spoiled much more quickly due to lack of ventilation, and also due to the higher temperature inside the refrigerator. It was at this point that we decided to live with the ums. It reminded me of the saying, "If you can't beat 'em, join 'em." But the greatest challenge with the ums was their bites. The bites of the ums made us miserable. I would only see a tiny black piece of dust on my skin, not really aware of its presence. By then it would be too late. I would be bitten. There was no warning. Once bitten, you get a tiny red rash which is incredibly itchy. You scratch it day and night. We tried all kinds of insect repellents, creams, sprays, coils, and a combination of all kids of products. Their effects lasted for only a few hours. We were bitten all night. On one occasion I counted how many bites I had on my body. There were about 700 bites on my body alone. My wife had even more. Combining both of us, there were about 1,500 bites. The activities of the ums increased when the humidity was high and there was no wind. After sunset, at 6:30 p.m., our ordeal usually began. We usually had supper around 5 p.m. and prepared for the night. We would usually sit right next to the window for the breeze, though none ever came through. Usually the wind stopped blowing after 6:30 p.m. until the next morning. I begged God to give us just a little wind so we could survive. But non came. I asked God to help us again and again. But nothing happened. We would spray water from head to toe, but the effect would last for only one to two hours. Every evening was like a nightmare. We would treat our bedroom with insecticide and close all the shutters and doors to keep the ums out. Finally, we would put on long pants, long-sleeved shirt, long socks on our feet and our hands, and bed sheets on our faces. Can you imagine going to bed like that every night in hot and humid weather. Many nights we couldn't sleep at all.

Finally my wife surrendered to the ums and expressed her desire to return home. This was about two weeks after the hurricane. The council was ignoring us. No one cared. No one even asked us how we were doing. We didn't complain, because everyone was having a difficult time and I didn't want them to treat us favorably. But the effects of bugs on our bodies were a hundred times greater than on the local people. They said they had the same kinds of bites, but the effects lasted only a few seconds. But for us, it was still bothering us even weeks after we left Barbuda. Not being able to sleep for three nights in a row, I finally agreed with her and advised her to return home immediately.

Sleeping with a compleely covered face and body in sticky and hot wweather is like torture. We asked God to send us a breeze. He sends us a hurricane. On September 15, Hurricane Marilyn had come wind gusts up to 85 miles per hour. However, we are constantly thanking God for his discipline, making us humble. For many nights, we constantly asked Him for a breeze, even a little breeze. Just a little bit please. But no response.

No more kerosene in town, so we have to conserve kerosene. No more gasoline in town, so I have to limit truck driving. We're not living in a Third World. This is more like a sixth world or the underworld. I even saw a patient with alcohol withdrawal symptoms during the hurricane because they couldn't get alcohol. I was even starting to get upset with my God. All I ask for was a breeze.

September 18. After doing QT that morning, I had said to my wife, "That's it. Let's get out of here. I will go to the council this morning and see what they have to say." This day I was very frustrated. Since there were no telephones, I had to go to the council office to even make an appointment to discuss my situation. Their only response was, "Wait." So I waited for 20 minutes. Then I demanded to talk to someone for an appointment. Again they said only, "Wait." I waited and waited. This was all that I could take. Finally I raised my voice to draw their attention. "All I want is an appointment to see someone in charge. I came here because I didn't have a telephone. When do you want me to come back? I have to get back to the clinic now and I cannot wait here any longer." Acknowledging my anxiousness, they finished whatever they were discussing in a hurry and allowed me in. One council member in charge asked me what I wanted. I simply showed him my legs covered with rashes. He merely said, "You need fans." There were only four or five private generators in town and one at the hospital. He said he would take care of it. Pondering my situation, I went back to work. After work, I took my wife to a place where there were international telephone lines, to get airline reservations. We tried several times, for at least 30 minutes, but all the lines were busy. As we were trying to make the phone call, that same councilman came to us. I still don't know how he found us or who sent him to us, because no one knew where we would be. God may have sent him to us to prevent us from leaving, because I was determined to get my wife out on the earliest possible flight. He promised to get a generator to our house that day. I thanked him, but due to my bitterness I resumed my attempts to reschedule our return trip, but continuously received a busy tone. So we gave up and came home.

Voila! There in the backyard stood all the important people from town, the chief electrician, the first and second VIPs in town, and a couple of others. They were working on installing a large generator to our house. My wife supplied them with a pitcher of boiled water from the cistern. It was customary to serve water to guests because of the heat, particularly when working under the sun. They even checked our refrigerator. There was nothing in it except some boiled water. We had to buy groceries every day. Realizing all the townspeople were suffering without electricity, I asked for electricity only at night so we could sleep.

Finally, we had electricity! On that day I drank my first glass of cold water since the hurricane. I enjoyed every sip of it. When I saw the first cube of ice, I almost had forgotten what ice cubes looked like. We both had tears in our eyes. We thanked God for answering our prayers, and I personally apologize to Him for getting angry in the morning. Our newly found electricity meant no more major battles with ums at night. Electric power meant no more having to carry water. Electric light meant reading books after sunset. I had been devoid of this privilege for nearly two weeks. Now I didn't have to go to bed early. I was able to read under the electric light rather than a dim kerosene light. I read all about Caribbean geography, Caribbean fish, Caribbean shells, Caribbean reefs, and Caribbean history. My wife changed her mind and decided to stay to the end. She even distributed a bagful of ice cubes to share with our neighbor every morning. She continued this service until the morning of our departure.

The morning of September 19 was unforgettable in many ways. It was the first night we had very good night's sleep. With fans on all night, there were no bug bites and no ums. However, due to our constant fear of ums, we were unable to get rid of our newly acquired habit of covering our faces with bed sheets for many nights. Also, it was the fourth anniversary of the operation for my advanced colon cancer. The surgery was done on September 19, 1991, and I had chemotherapy for one year. I was given only a 30 percent chance of survival. God was gracious enough to sustain my life. Ironically, I complained to Him when living conditions were a little poor. We repented on how stiff-necked we were, and thanked Him for His forgiveness, patience, and loving kindness.

Ed, our lives became considerably less miserable after the restoration of our electricity. We even went to the beaches to get some conchs and gather some shells and pink sand. Pink sand is made of billions of tiny pink shells. Due to the massive debris scattered on all the roads, my truck tires were punctured on nails two more times. I had to change the tires so many times that I became now an expert in doing it.

The people at the garage kept asking me to teach them Tae Kwon Do, and so I spent some time doing so. I acquired this sport during my three year service in Korean Navy. Because of our newly found acquaintance, they gave me gasoline as often as I needed. They asked me to come back again to teach them more, but time ran out quickly.

I believe we finished our medical mission quite successfully. We left Barbuda on September 27 as scheduled originally, not a day earlier. The clinic was quite busy on the last two days, because everyone knew I was leaving. They wanted to say goodbye to me and also be examined at the same time. On the last day, I saw 29 patients, including house calls.

The day before we left, we donated most of our own clothes to the pastor of the Living Faith Baptist Church and asked him to give them to needy families. We did this because we thought the need for clothes was greater here rather than for our own personal use, and in addition, we also wanted to make some room in our luggage to carry some of the pink sand home for souvenirs.

The difficulties of the medical mission in relation to the hurricane were numerous. One diabetic patient, who had had one of her legs amputated previously, had come to me with a third-degree burn on the remaining foot. Unfortunately, due to the lack of electricity, storing the insulin at home in such hot weather was extremely difficult. This unfortunate diabetic patient refused to give herself insulin shots at home, due to the fear of it spoiling. I emphasized to her that she needed insulin more so now than before because the injury to her foot. We had to give her insulin shots whenever she came to have her wound examined, because her blood sugar went up to the 400 mg level. She was one of the most difficult patient to manage due to the hurricane.

Everyone asked me whether I would go back there again. My wife declined, but I had already signed up to go back.

This time it will be February! Never again in September!

October, 30, 1995
Submitted by In Guk Kim M.D.
Otolaryngology/Head and Neck Surgery
Group Health Cooperative, Seattle